BRAIN GAMES®

GEEK OUT! PUZZLES

Publications International, Ltd.

Puzzle creators: Myles Callum, Mark Danna, Caroline Delbert, Elsa Neal, Fred Piscop, Stephen Ryder, John Samson, Nicole Sulgit, Beth Taylor, Wayne Robert Williams

Puzzle illustrators: Helem An, Eric Biel, Caroline Delbert, Pat Hagle, Christopher Hiltz, Robin Humer, Jen Torche

Additional images from Shutterstock.com

Brain Games is a registered trademark of Publications International, Ltd.

Louis Weber, CEO
Publications International, Ltd.
8140 Lehigh Avenue
Morton Grove, IL 60053

Permission is never granted for commercial purposes.

ISBN: 978-1-64030-700-1

Manufactured in U.S.A.

8 7 6 5 4 3 2 1

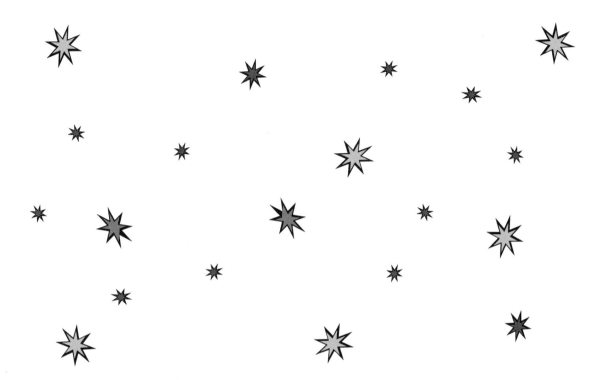

Are you enthusiastic about science, sci-fi, fantasy, comics, gaming, and more? If so, this is the puzzle collection for you. You'll unscramble anagrams about the X-Men and answer questions about elements. You'll transform "star" to "ship," "ghost" to "slime," and "elf" to "orc" in word ladder puzzles. You'll find word search themed around *Star Trek* and *Star Wars*, androids and anime—and for an extra layer of challenge, for some word search puzzles, you'll have to answer trivia questions or complete character names or episode titles to come up with the list of words you need to find.

The book contains more than 100 puzzles that will let you prove your knowledge about the TARDIS, Miyazaki films, and Sondheim songs, even as you flex your verbal skills with an assortment of language-based puzzles. And if something isn't your cup of tea, an answer key is found in the back of the book.

Puzzles are the perfect pastime when you want to both stretch your brain and relax a bit. They let you de-stress and focus on a concrete mental task while you enjoy yourself. So relax, grab a pencil, and get solving!

THINGS TO GET GEEKY ABOUT (AN INCOMPLETE LIST)

Every word listed is contained within the group of letters. Words can be found in a straight line horizontally, vertically, or diagonally. They may be read either forward or backward.

ASTRONOMY

BOARD GAMES

BREWING

CHOIR

CODING

COMIC-CON

COMMUNITY
THEATER

COSPLAY

DSLR CAMERA

FILM CAMERA

GAMING

GEOCACHING

HARRY POTTER

HELLO KITTY

HISTORICAL
RE-ENACTMENT

"(A) KLINGON
CHRISTMAS CAROL"

LAN PARTY

LEET

LEGO

LIGHTSABERS

LINUX

MEMES

MODEL KIT

MONTY PYTHON

NASA

ORIGAMI

REN FAIRE

ROBOTICS

ROLLER DERBY

ROLE-PLAYING GAME

RUBE GOLDBERG
MACHINES

RUBIK'S CUBE

SETTLERS OF CATAN

SPACE

TETRIS

TRIVIA NIGHTS

```
H I S T O R I C A L R E E N A C T M E N T K O
F U E T I E C A P S H E L L O K I T T Y L V T
K C K L I N G O N C H R I S T M A S C A R O L
Y D C Q P Q S H E Q T U E F S H E R S O E T I
I A S Y J R L I N U X B R G D C K M I J L J C
Q R R T D X A R V S B I I N P B I F I O P P O
E E E R A F Q H T T R K A I V B L T R I H B H
R M B A E S N N T M E S F M Z F F I O H M C A
O A A P Z T T E B B W C N A A M G C Z B B K R
L C S N O E A R G L I U E G M A T N T O O S R
E R T A M T J E O F N B R C M Z M I A W E R Y
P L H L M R I Q H N G E L I U K L R S M E A P
L S G I Z I J K S T O N T E E L D A E Z B F O
A D I N O S C T L L Y M O D N G Y M L Q Z P T
Y A L P S O C G R E W T Y C A A G X C H X N T
I E G S J E J Z M P D U I M C A S T J C K V E
N F I L M C A M E R A O E N A I H A L E G O R
G E O C A C H I N G R S M F U W M G L X H Z E
G R I R R O L L E R D E R B Y M C O D I N G O
A S E T T L E R S O F C A T A N M Z C Y P S D
M F F W O E P V N O H T Y P Y T N O M H H E K
E T R I V I A N I G H T S K G E S Z C G M F D
R U B E G O L D B E R G M A C H I N E S H Y Q
```

Answers on page 174.

LOVE BEING A GEEK?

Change just one letter on each line to go from the top word to the bottom word. Do not change the order of the letters. You must have a common English word at each step.

GEEK

_____
_____
_____
_____
_____
_____

LOVE

RUBIK'S CUBE

Can you make all sides of the Rubik's Cube look the same? Change just one letter on each line to go from the top word to the bottom word. Do not change the order of the letters. You must have a common English word at each step.

CUBE

_____
_____
_____

SAME

Answers on page 174.

POKÉMON

Below is a list of Pokémon—but they've lost A, E, I, O, and U! Can you figure out the missing vowels and name each Pokémon in the list below?

1. BLZKN

2. CHRZRD

3. DCDY

4. GRCHMP

5. GNGR

6. GRNNJ

7. GYRDS

8. JGGLYPFF

9. LG

10. MW

11. MWTW

12. MMKY

13. MSSNGN

14. RYQZ

15. PKCH

16. SHRPD

17. SQRTL

18. SCN

19. WBBFFT

20. ZYGRD

Answers on page 174.

ANIME AND MANGA

Every word listed is contained within the group of letters. Words can be found in a straight line horizontally, vertically, or diagonally. They may be read either forward or backward.

ASTRO BOY

BLEACH

BOYS OVER FLOWERS

CODE GEASS

COWBOY BEBOP

DRAGON BALL Z

DEATH NOTE

FULLMETAL ALCHEMIST

GHOST IN THE SHELL

NARUTO

NEON GENESIS EVANGELION

ONE PIECE

OURAN HIGH SCHOOL HOST CLUB

(The) PRINCE OF TENNIS

PUELLA MAGI MADOKA MAGICA

SAMURAI CHAMPLOO

YURI ON ICE

```
G D K W S Q A V X I Q H E J P I T T N B O G E
P E B X B Z W X D V M R L J R Q O M J B N W P
I S S A E G E D O C M X N Y I I T H B H E E I
R C J C R S J Q Z O K I V T N M T O C D P T O
D C F Y O B O R T S A E G X C E Y F K A I O P
R L W E C I N O I R U Y K M E S Y N K K E O Z
A D W A Z F V N C G A C J A O Y W V O S C L T
G K X A O J R S H E E M G V F V C Q C S E V B
O N Z W X G V M C I T D E D T M O L C V M A C
N Z X A S L N X N M C R M K E F V O E L C M U
B O G V J V Z N S O F Y S G N A B P V F L L K
A L V I K P R K W L V J A S N B T T J A S G L
L F Q O B V X B O K U L M E I P O H O X K T C
L H C R Q J O W C G R P T O S H E T N Q D I B
Z P C B P Y E S B N X Z X B C W S L U O R F I
P Z R J B R L G P Y P X I W S G Q M I R T D T
O V T E S G H O S T I N T H E S H E L L A E H
P Y B F U L L M E T A L A L C H E M I S T N R
N O I L E G N A V E S I S E N E G N O E N L B
P U E L L A M A G I M A D O K A M A G I C A M
J E N L D V V I H X S B O W K Q H P X Q R W W
K J F H O O L P M A H C I A R U M A S C T E M
O U R A N H I G H S C H O O L H O S T C L U B
```

Answers on page 174.

M_Y_Z_K_ F_LMS

Below is a list of some of the films directed by Hayao Miyazaki. The only thing is, they've lost A, E, I, O, and U, as well as any punctuation and spaces between words. Can you figure out the missing vowels and name each film in the list below?

1. CSTLNTHSKY

2. HSHNTNG

3. HWLSMVNGCSTL

4. KKSDLVRYSRVC

5. KRSBGDYT

6. MNDTHKTTNBS

7. MYNGHBRTTR

8. NSCFTHVLLYFTHWND

9. PNY

10. PRCRSS

11. PRNCSSMNNK

12. SPRTDWY

13. THCSTLFCGLSTR

14. THWNDRSS

Answers on page 174.

Below is a list of some of the characters, places, and terms from "Avatar: The Last Airbender" and its sequel series "The Legend of Korra." The only thing is, they've lost A, E, I, O, and U, as well as any spaces between words. Can you figure out the missing vowels and spaces in the list below?

1. NG

2. RNMDS

3. PP

4. SMST

5. VTRSTT

6. ZL

7. BSNGS

8. BNDR

9. BLN

10. RTHKNGDM

11. FRNTN

12. RH

13. KTR

14. KRR

15. LNBFNG

16. MK

17. RPBLCCTY

18. SKK

19. SZN

20. TNZN

21. TNRQ

22. TPHBFNG

23. LLQ

24. WTRTRB

25. ZH

26. ZK

Answers on page 174.

K-DRAMA

Every word listed is contained within the group of letters. Words can be found in a straight line horizontally, vertically, or diagonally. They may be read either forward or backward.

100 DAYS MY PRINCE

BREAD, LOVE AND DREAMS

CHILDLESS COMFORT

COFFEE PRINCE

FIRST LOVE

GANGNAM BEAUTY

GOOD DOCTOR

GREATEST LOVE

JEWEL IN THE PALACE

(The) LADY IN DIGNITY

MR. SUNSHINE

MY GOLDEN LIFE

MY TOO PERFECT SONS

REPLY 1988

SIGNAL

YOU AND I

```
G  E  C  H  I  L  D  L  E  S  S  C  O  M  F  O  R  T  N
T  Z  C  M  Y  T  O  O  P  E  R  F  E  C  T  S  O  N  S
I  E  X  N  W  G  U  D  V  M  R  S  U  N  S  H  I  N  E
B  H  C  N  I  P  R  O  J  Z  W  R  E  E  R  Q  O  P  K
U  Q  B  A  I  R  L  E  Z  F  K  R  D  Z  V  N  V  E  E
R  D  V  O  L  T  P  Q  A  V  Y  Z  W  S  M  M  D  L  C
O  O  N  L  S  A  A  Y  Z  T  K  O  G  V  T  J  A  M  N
I  U  T  R  Y  S  P  A  M  W  E  A  L  U  R  D  Z  Y  I
R  O  I  C  B  R  K  E  Y  S  N  S  E  H  Y  W  F  G  R
E  F  O  H  O  E  E  K  H  G  Y  A  T  I  D  P  M  O  P
P  R  M  U  N  D  N  E  N  T  H  A  N  L  A  F  J  L  E
L  N  T  N  P  S  D  A  J  A  N  D  D  Y  O  B  N  D  E
Y  P  Z  L  X  E  M  O  V  Y  I  I  O  0  T  V  R  E  F
1  K  C  Q  K  B  Z  N  O  G  O  U  L  M  0  B  E  N  F
9  A  F  H  E  L  D  A  N  G  A  R  I  E  Q  1  V  L  O
8  U  G  A  K  W  P  I  G  N  J  I  C  K  W  R  W  I  C
8  C  U  Z  H  V  T  B  D  S  I  G  N  A  L  E  H  F  B
S  T  T  H  W  Y  Q  I  Y  A  L  R  I  H  X  U  J  E  O
Y  B  R  E  A  D  L  O  V  E  A  N  D  D  R  E  A  M  S
```

Answers on page 175.

WELCOME TO NIGHT VALE

Every word listed is contained within the group of letters. Words can be found in a straight line horizontally, vertically, or diagonally. They may be read either forward or backward.

CARLOS	JEFFREY CRANOR
CECIL BALDWIN	JOSEPH FINK
CECIL PALMER	MAYOR
DANA CARDINAL	NIGHT VALE
DESERT	OLD WOMAN JOSIE
DISPARITION	PTA
DOG PARK	PUBLIC LIBRARY
GLOW CLOUD	RADIO SHOW
HELICOPTERS	STEVE CARLSBERG
INTERN	STREXCORP

```
E U J A Y D I H W L L E I E C A R L O S L
J W W N X R Q F N A W I F X M H R K W B U
G L D V R I A R A O I I X N U X K G R R X
L A Z T O R L R W M I J O S E P H F I N K
Z N Y G U L J M B V N T W O H S O I D A R
X I A A B J D B K I U I I P O T N W X Q J
G D J P E E J W S O L U G R S M N N A B A
L R M S U F E N O W K C M H A F F G Z Y C
O A Z N J F I I R M R K I L T P B H C K V
W C O D M R D W X G A U J L P V S G W W U
C A L C H E H D N J P N V H B A A I Q I E
L N G M E Y N L Z F G E J V J U H L D Y G
O A P L L C C A I V O A R O S Z P M E W P
U D P L I R I B S D D K F T S V N B U F D
D J Z O C A D L J C C F R U T I D C W Q O
F D I I O N E I P T F E C X C E E B C J W
M B E Z P O M C Q A X P Y L S I N T E R N
A O E X T R W E W C L C I E Q D X S M B O
Y Y N D E N R C O S T M R D U M O W C G D
O M O T R Z R R D E B T E Y C I Q U V W H
R R W K S G P G R E B S L R A C E V E T S
```

Answers on page 175.

FRANKENSTEIN

Unscramble each anagram to complete these pivotal paragraphs from "Frankenstein; Or, the Modern Prometheus," by Mary Shelley. Then find the unscrambled words within the group of letters.

It was on a dreary night of November that I beheld the PEMMICAN CLOTHS _____ of my toils. With an anxiety that almost amounted to agony, I collected the SMITTEN URNS _____ of life around me, that I might infuse a spark of being into the lifeless thing that lay at my feet. it was already one in the morning; the rain TAP TREED _____ dismally against the panes, and my candle was nearly burnt out, when, by the glimmer of the half-extinguished light, i saw the dull yellow eye of the CUTER EAR _____ open; it breathed hard, and a convulsive motion agitated its limbs.

How can I describe my emotions at this TRACHEA POTS _____, or how delineate the wretch whom with such infinite pains and care I had endeavoured to form? His limbs were in PIN POOR ROT _____, and I had selected his features as beautiful. Beautiful! Great God! His yellow skin scarcely covered the work of muscles and ERA TIRES _____ beneath; his hair was of a lustrous black, and flowing; his teeth of a pearly whiteness; but these luxuriances only formed a more horrid contrast with his watery eyes, that seemed almost of the same colour as the dun-white sockets in which they were set, his shrivelled LEXICON MOP _____ and straight black lips.

The different DESICCANT _____ of life are not so changeable as the feelings of human nature. I had worked hard for nearly two years, for the sole purpose of FUNGI SIN _____ life into an inanimate body. For this I had deprived myself of rest and health. I had desired it with an ardour that far exceeded TRAINED MOO _____; but now that I had finished, the beauty of the dream vanished, and breathless horror and disgust filled my heart.

Unable to endure the aspect of the being I had created, I rushed out of the room and continued a long time RAVENS GRIT _____ my bed-chamber, unable to compose my mind to sleep.

```
F  J  C  O  T  A  P  R  X  M  D  C  C  K  C  Q  Q
W  E  J  E  N  D  D  U  S  E  V  C  H  S  I  K  C
R  R  K  S  E  H  H  Y  O  Z  R  T  U  X  A  E  Y
I  J  S  W  M  D  M  P  W  H  K  U  Z  F  N  P  Y
D  S  H  X  H  A  M  I  S  J  B  V  T  O  Q  V  B
E  T  E  E  S  J  T  M  M  F  O  E  I  A  K  F  J
R  N  C  H  I  D  P  Y  O  N  W  X  R  D  E  D  B
E  E  A  G  L  A  C  C  I  D  E  N  T  S  G  R  L
T  M  T  N  P  J  E  E  P  L  E  M  E  H  S  H  C
T  U  A  I  M  J  Y  E  P  P  V  R  N  T  U  A  B
A  R  S  S  O  T  G  M  B  H  C  R  A  U  X  N  L
P  T  T  U  C  V  O  G  O  F  R  E  X  T  Q  E  T
F  S  R  F  C  C  E  X  X  K  B  N  G  J  I  R  A
W  N  O  N  A  A  K  P  R  O  P  O  R  T  I  O  N
E  I  P  I  G  G  N  I  S  R  E  V  A  R  T  U  N
Q  C  H  A  R  T  E  R  I  E  S  L  U  A  N  M  Q
N  Y  E  S  N  C  W  I  U  J  I  V  Q  K  R  S  B
```

Answers on page 175.

THE WAR OF THE WORLDS

Unscramble each anagram to complete the opening paragraph from "The War of the Worlds," by H.G. Wells. Then find the unscrambled words within the group of letters.

No one would have believed in the last years of the TEEN HEN TIN _____ century that this world was being watched keenly and closely by CELLIST ENGINE _____ greater than man's and yet as mortal as his own; that as men busied themselves about their various concerns they were CINDER SUITS _____ and studied, perhaps almost as narrowly as a man with a COMIC SPORE _____ might scrutinise the transient creatures that swarm and multiply in a drop of water. With infinite CAMP CYCLONE _____ men went to and fro over this globe about their little affairs, serene in their assurance of their empire over matter. It is possible that the infusoria under the microscope do the same. No one gave a thought to the older worlds of CAPES _____ as sources of human danger, or thought of them only to dismiss the idea of life upon them as impossible or BELABOR IMP _____. It is curious to recall some of the mental habits of those PREDATED _____ days. At most RATTLERS IRE _____ men fancied there might be other men upon Mars, perhaps inferior to themselves and ready to welcome a missionary SERENE TRIP _____. Yet across the gulf of space, minds that are to our minds as ours are to those of the beasts that RESHIP _____, intellects vast and cool and unsympathetic, regarded this earth with VIE ON US _____ eyes, and slowly and surely drew their plans against us. And early in the twentieth century came the great LIDLESS MUNITION _____.

```
X  R  F  S  H  E  L  U  W  O  L  N  O  O  Q  S  N
F  X  H  S  T  U  L  Z  I  A  C  G  K  H  B  E  H
S  X  D  K  N  F  K  B  I  E  K  X  D  E  M  C  E
V  U  X  Z  E  B  L  R  A  I  U  M  F  U  N  N  S
H  S  I  R  E  P  T  J  F  B  Y  L  D  V  V  E  C
X  K  Q  G  T  S  Y  O  F  Q  O  W  M  I  J  G  R
Z  F  Q  A  E  I  J  E  B  G  F  R  O  S  D  I  U
G  V  Z  R  N  T  V  I  S  B  P  U  P  A  H  L  T
Y  Q  R  R  I  F  V  R  V  I  S  W  W  M  D  L  I
T  E  P  J  N  E  N  R  E  K  R  Z  Y  T  I  E  N
T  J  S  V  C  I  J  H  N  C  G  P  J  D  V  T  I
K  X  X  B  M  P  O  G  L  I  H  H  R  G  C  N  S
I  E  P  O  C  S  O  R  C  I  M  U  X  E  H  I  E
F  M  S  Y  C  N  E  C  A  L  P  M  O  C  T  Z  D
K  R  I  S  I  N  C  J  F  D  S  P  A  C  E  N  B
X  Z  X  B  O  O  L  D  D  E  T  R  A  P  E  D  E
T  N  E  M  N  O  I  S  U  L  L  I  S  I  D  P  X
```

Answers on page 175.

A JOURNEY TO THE CENTER OF THE EARTH

Unscramble each anagram to complete these paragraphs from "A Journey to the Center of the Earth," by Jules Verne. Then find the unscrambled words within the group of letters.

As I said, my uncle, Professor Hardwigg, was a very EARL DEN _____ man; and I now add a most kind relative. I was bound to him by the double ties of OAF INFECT _____ and interest. I took deep interest in all his doings, and hoped some day to be almost as learned myself. It was a rare thing for me to be absent from his CRUELEST _____. Like him, I preferred GAMELY IRON _____ to all the other sciences. My TAXI YEN _____ was to gain real knowledge of the earth. EGG LO YO _____ and mineralogy were to us the sole objects of life, and in connection with these studies many a fair SCENE IMP _____ of stone, chalk, or metal did we break with our hammers.

Steel rods, loadstones, glass pipes, and BEST LOT _____ of various acids were oftener before us than our meals. My uncle Hardwigg was once known to SCALY IFS _____ six hundred different geological specimens by their weight, hardness, IF IT BUSILY_____, sound, taste, and smell.

He SCORNED ROPED _____ with all the great, learned, and ICE TIC FINS _____ men of the age. I was, therefore, in constant MOUNTAIN COMIC _____ with, at all events the letters of, Sir Humphry Davy, Captain Franklin, and other great men.

```
J A C D M C F A R Y G O L O E G M
D C M G D A S E Z T M W H Q D J R
E X I O Z F H S N E M I C E P S T
D E N R A E L S C I E N T I F I C
N I E O A X T E F X E X F B J D C
O E R S I T A B X N J W U C L Z C
P S A C W T F S N A H Z A S X F Q
S Q L Q C A A Z E A R T J N P Y V
E J O A I S C C C L F N T V T L Y
R V G U F Q L A I Y T Y K I N E M
R R Y N J F X S F N M T L V S C R
O F V C K D E I L D U I O L J T S
C M N G X R S C Q D B M S B I U D
D H T X T S P E T I R W M U B R T
U J Q W A S W V S I L Z H O H E G
Y Q Y L I O P U N T O G P F C S I
B D C R R O F L K X B N V Y B S R
```

Answers on page 176.

THEY PLAYED SHERLOCK

ACROSS

1. ___ Rathbone played Sherlock on radio, stage, TV, and film, 1939–53
6. Floating among the clouds
11. "All ___, by the telephone…"
12. One of the simple machines
13. Bitten by a bug
14. Café quaff in Paris
15. Gallic seasoning
16. Holiday threshold
18. $200 Monopoly properties, briefly
19. He played Sherlock on 1938 radio (CBS)
22. Lumber pieces: abbr.
23. Wing, in Paris
24. Apple centers
27. Combats of honor
28. Edgar Rice Burroughs animals
29. Preposition in many Grafton titles
30. He played Sherlock on 1983 animated TV (Australian)
35. Joseph Lincoln book "Cap'n ___"
36. "___ Haw" (rustic TV show)
37. Backside, in French
38. Like the worm-catching bird
40. Kitchen chopper
42. Engine power source
44. "Siddhartha" author Hermann
45. Leonard ___ played Sherlock on stage (Royal Shakespeare Company, 1976)

DOWN

1. Deep voice at the opera
2. Put on cuffs, maybe
3. Spiritual essences
4. Homey lodging
5. Tall tales of yore
6. "A Zoo Story" playwright Edward
7. "Hawaii Five-O" prop
8. Blanket
9. Will ___ played Sherlock on film ("Holmes and Watson," 2018)
10. Locks without keys
17. Beetles and Rabbits, for short
20. Beyond chubby
21. Achille ___: hijacked liner
24. Facetious "Get it?"
25. Run, as heavy machinery
26. Stops working
27. Spoiled rotten, maybe
29. Any Hatfield, to a McCoy
31. Squeegee for Luigi, e.g.
32. Creator of a logical "razor"
33. "Hasta ___" ("Goodbye")
34. Kingly title in Spain
39. Word with Cruces or Palmas
41. "___ Ran the Zoo" (Dr. Seuss book)

Answers on page 176.

FOR STAGE AND SCREEN

Every name listed below belongs to an actor who played Holmes in a Sherlock Holmes adaptation. Names can be found in a straight line horizontally, vertically, or diagonally. They may be read either forward or backward.

ALAN WHEATLEY

ARTHUR WONTNER

BASIL RATHBONE

BENEDICT CUMBERBATCH

CHARLTON HESTON

CHRISTOPHER LEE

CLIVE BROOK

EILLE NORWOOD

GEOFFREY WHITEHEAD

HARRY ARTHUR SAINTSBURY

IAN MCKELLEN

JEREMY BRETT

JOHN BARRYMORE

JONNY LEE MILLER

LEONARD NIMOY

MACK SENNETT

MAURICE COSTELLO

MICHAEL CAINE

NICHOLAS ROWE

NICOL WILLIAMSON

PATRICK MACNEE

ROBERT DOWNEY, JR.

ROBERT STEPHENS

WILLIAM GILLETTE

```
B E N E D I C T C U M B E R B A T C H Y H
H A R R Y A R T H U R S A I N T S B U R Y
E W O R S A L O H C I N C U Y I N A R K Y
O N C I M N C N P P T A E Q F M T U M R O
T L U S N E H P E T S T R E B O R B N Y K
E N I A C L E A H C I M T L V O M W Y R Y
C H A R L T O N H E S T O N M Q G P A W Y
D A E H E T I H W Y E R F F O E G B P S J
Y L R E D I D L B S V I E Y H W L A A A W
E A N I C O L W I L L I A M S O N S T R M
L N E T T E L L I G M A I L L I W I R T A
T R E L L I M E E L Y N N O J A X L I H C
A Y O M I N D R A N O E L X Z I O R C U K
E A Y R O B E R T D O W N E Y J R A K R S
H K O O R B E V I L C R J Q M X X T M W E
W N E L L E K C M N A I W N D R W H A O N
N J E R E M Y B R E T T N O W N J B C N N
A J O H N B A R R Y M O R E O G P O N T E
L C H R I S T O P H E R L E E D A N E N T
A Q Y W W Z X Q T Q F F W F B Y X E E E T
Q M A U R I C E C O S T E L L O A V V R K
```

Answers on page 176.

FAMOUS FIRST LINES

How well do you know the Holmes canon? Match the first line of each story to the story's title.

1. Mr. Sherlock Holmes, who was usually very late in the mornings, save upon those not infrequent occasions when he was up all night, was seated at the breakfast table.

2. In the year 1878 I took my degree of Doctor of Medicine of the University of London, and proceeded to Netley to go through the course prescribed for surgeons in the army.

3. Sherlock Holmes took his bottle from the corner of the mantel-piece and his hypodermic syringe from its neat morocco case.

4. To Sherlock Holmes she is always the woman.

5. I had called upon my friend, Mr. Sherlock Holmes, one day in the autumn of last year and found him in deep conversation with a very stout, florid-faced, elderly gentleman with fiery red hair.

A. "The Sign of the Four"

B. "A Scandal in Bohemia"

C. "The Hound of the Baskervilles"

D. "A Study in Scarlet"

E. "The Red-Headed League"

Answers on page 176.

SIDEKICKS UNITE

Change just one letter on each line to go from the top word to the bottom word. Do not change the order of the letters. You must have a common English word at each step.

SIDE

—————
—————

KICK

ARTHUR DENT ON A SHIP

Change just one letter on each line to go from the top word to the bottom word. Do not change the order of the letters. You must have a common English word at each step.

DENT
—————
—————
—————
—————
—————

SHIP

Answers on page 176.

THE HITCHHIKER'S GUIDE TO THE GALAXY

Fill in the blank or answer the question, then search for the words you supplied in the grid.

1. _____ Dent

2. _____ Prefect

3. Pan-Galactic _____ Blaster

4. Douglas _____

5. Zaphod _____

6. "The _____ at the End of the _____"

7. "Life, the Universe, and _____"

8. "So Long, and Thanks for All the _____"

9. "Mostly _____"

10. Heart of _____

11. Marvin the _____ Android

12. Tricia McMillan is more commonly known as: _____

13. He was responsible for creating the fjords of Norway: _____

14. They write the third worst poetry in the universe. _____

```
T G W X U V P M R A P T N X V M O
B V C A D K M L E W H V D Y O E F
G P M O S Z E Q E S Q G A R G L E
X A N D U Y I T J U R E D V O Q I
A R Z A X O R B E L B E E B N R F
D A M Z I M T V G U P M V A S C S
D N Q S B L Y L G E O B V I D W M
R O J R B Q L J E T S R X T N L A
J I P U B R Y I R Y E I U N T U D
D D I A T R Y R R S Z Z D Z S R A
H R E J F Y N C T T V O I G X U C
O G O I U H K A U Z V K E J J H M
G B S F Y L U G C L G B L P U T C
O H E V E R Y T H I N G A O M R T
L R E Y A P P Y R O V L M Z S A D
D H P N H A R M L E S S C R U K Y
A K T S L A R T I B A R T F A S T
```

Answers on page 176.

SHROUDED SUMMARY

Hidden in the word search is a summary of a well-known novel. The words you need to find are listed below in alphabetical order; in the word search they are presented in an order that makes more sense. Words can be found in straight line horizontally, vertically, or diagonally. As a bonus, can you name the novel and its author?

ALIENS

AND

APPEAR

BOMBING

DRESDEN

DURING

ENCOUNTERS

EXPERIENCE

FUTURE

HIS

INHERITING

JUMPING

PAST

PRESENT

PRISONER

RANDOMLY

SECOND

TIME

WAR

WHERE

WORLD

Novel and author:

_____

```
G  N  I  R  U  D  A  O  E  V  K  W  N  K  L  F  I  E
V  C  R  O  R  U  R  C  R  P  E  Z  L  S  W  S  L  I
I  N  E  E  E  R  O  E  Y  T  D  R  N  I  I  R  D  G
H  A  S  E  K  I  E  S  S  O  M  R  P  A  N  S  V  N
J  S  O  U  I  M  L  E  W  D  L  T  I  E  D  N  T  E
R  O  H  L  A  F  I  C  I  A  E  N  S  O  I  R  O  R
L  A  N  R  M  O  B  O  M  B  I  N  G  N  I  W  H  R
S  E  O  O  X  Z  L  N  T  P  A  R  I  T  U  H  C  N
I  D  I  W  O  R  L  D  A  W  H  L  B  E  D  S  E  H
R  I  A  J  E  R  A  N  O  I  N  A  L  I  U  T  E  N
P  R  I  S  O  N  E  R  T  A  E  S  B  J  S  T  R  W
T  N  T  O  E  U  C  P  I  L  O  T  Y  T  I  D  P  S
S  W  G  C  H  T  P  O  M  I  L  B  O  H  M  I  B  O
N  T  Y  C  H  A  D  V  U  E  B  V  O  C  C  O  M  C
T  N  I  G  N  P  E  R  E  N  A  Q  P  A  E  W  R  A
P  L  T  I  E  J  J  N  T  S  T  C  O  U  H  C  R  A
O  T  D  D  E  T  N  U  I  N  H  E  R  I  T  I  N  G
R  A  N  Y  L  F  T  E  M  R  S  E  R  C  T  P  Y  A
M  B  G  A  D  E  R  W  E  P  A  P  P  S  I  O  L  I
V  E  R  T  P  A  R  H  E  H  I  N  G  E  O  I  M  A
R  O  P  F  E  X  P  E  R  I  E  N  C  E  E  F  O  T
P  L  M  A  L  A  I  R  E  S  N  L  G  D  E  F  D  E
A  E  D  O  S  N  S  E  E  R  A  F  N  R  I  P  N  R
B  E  L  T  S  T  P  O  A  S  T  I  E  I  N  L  A  N
G  I  U  T  U  F  U  T  U  R  E  A  P  P  E  A  R  N
E  N  I  E  N  S  O  S  K  S  T  N  A  R  A  M  D  B
O  I  F  R  C  N  A  B  H  I  T  D  T  O  D  I  E  O
```

Answers on page 177.

READY PLAYER ONE

Answer each question. (Unless otherwise specified, questions refer to the book, not the movie.) Then search for the answers you supplied within the group of letters. Words can be found in a straight line horizontally, vertically, or diagonally. They may be read either forward or backward.

1. The author of the book was this man.
_____

2. The protagonist was
_____.

3. The name of the virtual reality:
_____

4. The creator of the game:
_____

5. The protagonist lives in this city:
_____

6. His avatar is named
_____.

7. He gains the Copper Key by winning this game: _____

8. The cofounder of the game is
_____.

9. Aech's offline name is
_____.

10. Art3mis's first name offline is
_____.

11. The 2018 film was directed by this man. _____

12. The main role was played by this actor. _____

```
Y  T  D  U  R  P  U  P  C  W  V  S  T  Y  E  I  Z
T  Y  R  A  I  E  K  C  W  A  D  E  W  A  T  T  S
I  E  U  P  J  F  O  Z  F  R  F  X  T  D  S  W  N
C  S  N  O  A  E  Z  Z  S  C  T  V  L  I  A  J  G
A  H  Z  I  G  D  K  R  T  I  F  L  K  L  H  F  Q
M  E  T  Q  L  D  D  Z  X  M  E  L  S  L  T  X  S
O  R  P  N  G  C  E  O  A  U  S  Q  K  A  N  H  L
H  I  A  I  U  W  T  N  V  I  A  X  M  H  A  E  E
A  D  P  F  A  H  X  S  M  Z  X  Q  E  S  M  L  Y
L  A  V  I  Z  R  A  P  E  O  S  O  Q  E  A  E  P
K  N  L  T  B  B  V  A  H  N  R  J  F  M  S  N  D
O  J  P  A  R  F  S  H  U  R  R  R  F  A  H  H  P
B  Z  F  H  O  F  G  X  Z  I  N  E  O  J  V  A  U
L  J  K  H  S  A  Y  G  J  Y  Z  F  L  W  O  R  J
H  Z  J  U  K  C  S  U  V  F  J  O  U  S  T  R  A
G  N  W  B  T  P  T  I  N  M  L  Q  K  D  R  I  K
G  R  E  B  L  E  I  P  S  N  E  V  E  T  S  S  Q
```

Answers on page 177.

WRITERS OF SCIENCE FICTION AND SPECULATIVE FICTION

Below is a list of names of renowned writers of science fiction and speculative fiction. The only thing is, they've lost A, E, I, O, and U, as well as any spaces or puncutation. Can you figure out the missing vowels and name each writer in the list below?

1. SCSMV

2. RTHRCCLRK

3. RSLKLGN

4. CTVBTLR

5. SMLDLNY

6. RBRTHNLN

7. PHLPKDCK

8. WLLMGBSN

9. DGLSDMS

10. NDRNRTN

11. CNNWLLS

12. CJCHRRH

13. LSMCMSTRBJLD

14. NNCYKRSS

15. RYBRDBRY

16. NLSTPHNSN

17. JHNSCLZ

18. NNLCK

19. NNDKRFR

20. JMSTPTRJR

Answers on page 177.

WRITERS OF FANTASY AND SPECULATIVE FICTION

Below is a list of names of renowned writers of fantasy and speculative fiction. The only thing is, they've lost A, E, I, O, and U, as well as any spaces or punctuation. Can you figure out the missing vowels and name each writer in the list below?

1. JRRTLKN

2. GRGRRMRTN

3. JKRWLNG

4. NKJMSN

5. NLHPKNSN

6. NLGMN

7. TRRYPRTCHTT

8. PTRCKRTHFSS

9. PHLPPLLMN

10. DNWYNNJNS

11. PTRCMCKLLP

12. LVGRSSMN

13. JMBTCHR

14. CTHRYNNVLNT

15. CSLWS

16. GRTHNX

17. SSNNCLRK

18. RBNMCKNLY

19. TMRPRC

20. RBNHBB

Answers on page 177.

ELF VS. ORC

Change just one letter on each line to go from the top word to the bottom word. Do not change the order of the letters. You must have a common English word at each step.

ELF

——
——
——
——
——
——
——

ORC

TAKING THE RING TO MOUNT DOOM

Change just one letter on each line to go from the top word to the bottom word. Do not change the order of the letters. You must have a common English word at each step.

RING
——
——
——
——
——
——
——

DOOM

Answers on page 177.

FINDING THE ONE RING

Find ONE RING once—and only once—in the grid below.

```
R G R I I O O O O I N R N I I
I G O G O O G N O N N O R N N
N I R E G O I I N R I N E G R
O I N G O R N G N N E N I I G
O N N E E N N R O N I N N N
E N G O I N G E E N G E I N N
I N N E N O E E O I N N I N
E R E N G G O G N N R G R I E
O G O N O N N G E E E I O R N
O E N I I E N O N I E N R E N
O G R N R I I N O N R G I N E
I E G G R R N R G O O O O R N
E N O E I E E I G N N O R E N
N O N E E O N G R R O E N N R
O O I I I N N R O R N I N R G
```

Answers on page 177.

TERRY PRATCHETT'S DISCWORLD

Every word listed is contained within the group of letters. Words can be found in a straight line horizontally, vertically, or diagonally. They may be read either forward or backward.

AGNES NITT	MAGRAT GARLICK
ANGUA	MOIST VON LIPWIG
ANKH-MORPORK	NAC MAC FEEGLE
BINKY	NANNY OGG
CARROT	NOBBY NOBBS
CHEERY LITTLEBOTTOM	RIDCULLY
CHEESE	RINCEWIND
CITY WATCH	SAM VIMES
COHEN THE BARBARIAN	SUSAN STO HELIT
DEATH	TIFFANY ACHING
ELEPHANT	TURTLE
GRANNY WEATHERWAX	UNSEEN UNIVERSITY
HAVELOCK VETINARI	VERENCE
LANCRE	WITCHES
(The) LUGGAGE	WIZARD

```
K F U L H A V E L O C K V E T I N A R I Z
A Q P U F G C P A N A X V N Q J L E S C N
G A B Q G U M T K U E W A T Y V A S F M B
N O B B Y N O B B S G H E G W B D E G O V
B G Y K G S T C D I P N G G I I T E R I L
D D K J T E T O L E Y O A O Z N Z H A S O
S E R K I E O H L F G A G Y A K B C N T U
U C I R L N B E V D N I G N R Y E X N V H
W I N O E U E N V X I D U N D R B P Y O J
L T C P H N L T E X H H L A C I X J W N R
P Y E R O I T H R J C J M N W P B K E L D
V W W O T V T E E Z A K A H M I K Q A I A
B A I M S E I B N W Y L X U Y C D F T P G
S T N H N R L A C I N H U N L E E E H W N
A C D K A S Y R E T A O H K L N G K E I E
M H J N S I R B T C F A M T U T A R R G S
V U P A U T E A V H F O R Z C N H K W D N
I P S X S Y E R M E I U V J D E M R A A I
M L I N T I H I E S T I E I I H Y L X J T
E L G E E F C A M C A N C A R R O T G Q T
S N R W R L M N M A G R A T G A R L I C K
```

Answers on page 178.

DO YOU BELIEVE IN MAGIC?

Every word listed below is contained within the group of letters. Words can be found in a straight line horizontally, vertically, or diagonally. They may read either forward or backward. The leftover letters will reveal the origin of the name of Hogwarts's lovable and powerful headmaster, Dumbledore.

AUNT MARGE

AZKABAN

CHARM

CLOAK

DEATHLY HALLOWS

DEMENTOR

DOBBY

DRAGON

DUMBLEDORE

GOBLET

HAGRID

HALF-BLOOD PRINCE

HEDWIG

HERMIONE

HOGWARTS

HOWLER

MAGIC

MALFOY

MUGGLE

PHOENIX

QUIDDITCH

RON WEASLEY

SCAR

SNAPE

SPELL

VOLDEMORT

WAND

WIZARD

Leftover letters: _____

```
W T E L B O G D R A G O N
I A C T P V K A O L C D A
H R N S H O A N N O E E B
C E I D O L L D W M E A A
T L R N E D L L E P S T K
I W P M N E S N A P E H Z
D O D E I M T G S L R L A
D H O L X O M A L F O Y U
I I O G R R N S E H D H N
U W L G O T D E Y R E A T
Q D B U W I Z A R D L L M
S F F M R A H C W O B L A
O C L G R B R I U B M O R
M M A G I C G T B B U W G
L H H R E B E E S Y D S E
```

Answers on page 178.

LANGUAGE GEEKS UNITE

Every word listed is contained within the group of letters. Words can be found in a straight line horizontally, vertically, or diagonally. They may read either forward or backward.

CAMBIST

CROISSANT

ECZEMA

EUONYM

FRACAS

GLADIOLUS

HARUSPEX

INCISOR

INSOUCIANT

LUGE

LYCEUM

MACERATE

MILIEU

ODONTALGIA

PROPITIATORY

PROSPICIENCE

PSYCHIATRY

PURIM

RATOON

SANITARIUM

SHALLOON

SOUBRETTE

SYCOPHANT

THERAPY

TROCHE

```
P  S  Y  C  H  I  A  T  R  Y  P  P  G  T  R
R  R  V  Y  V  G  S  Y  C  O  P  H  A  N  T
O  N  O  O  L  L  A  H  S  R  A  T  O  O  N
S  F  Y  P  A  R  E  H  T  P  N  M  D  N  A
P  M  X  S  I  Z  T  H  U  A  U  O  M  L  I
I  M  E  Q  P  T  Y  R  S  I  N  L  A  N  C
C  U  P  D  W  R  I  S  R  T  J  T  C  H  U
I  E  S  Z  Y  M  I  A  A  T  B  I  E  W  O
E  C  U  V  M  O  T  L  T  R  S  L  R  T  S
N  Y  R  O  R  I  G  Y  X  O  F  W  A  S  N
C  L  A  C  N  I  L  V  R  C  R  H  T  I  I
E  N  H  A  A  Y  R  I  B  H  A  Y  E  B  Y
X  G  S  M  P  Z  M  K  E  E  C  Z  E  M  A
S  O  U  B  R  E  T  T  E  U  A  C  S  A  R
M  Q  G  L  A  D  I  O  L  U  S  V  Q  C  X
```

Answers on page 178.

AUSTEN ADAPTATIONS

Answer each question. Then search for the answers within the group of letters. Names can be found horizontally, vertically, or diagonally. They may read either forward or backward.

1. She played Lalita (Elizabeth) in "Bride and Prejudice":

_____

2. He played Balraj (Bingley) in "Bride and Prejudice":

_____

3. He played Mr. Darcy in "Pride and Prejudice" (2005): _____

4. She played Jane Bennet in "Pride and Prejudice" (2005): _____

5. She played Elizabeth in "Pride and Prejudice" (1995): _____

6. He played Mr. Collins in "Pride and Prejudice" (1995): _____

7. She played Mrs. Bennet in "Lost in Austen":

_____

8. He played Mr. Darcy in "Pride and Prejudice" (1940): _____

9. He directed "Sense and Sensibility" (1995):

_____

10. She won the Oscar for writing the screenplay for "Sense and Sensibility" (1995): _____

11. He played Mr. Knightley in "Emma" (1996): _____

12. She played the title role in the same adaptation:

_____

13. He played Murray in "Clueless" (1995):

_____

14. He played Elton in "Clueless" (1995):

15. She played Anne Elliot in "Persuasion" (1995):

_____

16. He played Captain Wentworth in "Persuasion" (1995):

_____

17. She played Lady Susan in "Love and Friendship" (2016) : _____

18. She played Catherine Morland in "Northanger Abbey" (2007):

_____

19. She played Fanny Price in "Mansfield Park" (2007): _____

20. He played both Edmund Bertram in "Mansfield Park" (1999) and Mr. Knightley in Emma (2009 miniseries):

_____

```
R E B M A B D I V A D R S H H J U N Y
E L A S N I K C E B E T A K J E X O F
G W Y N E T H P A L T R O W B N O S E
A I S H W A R Y A R A I G D H N X P L
A L E X K I N G S T O N O I V I N M I
B Y V H R R N W T W E T K J S F K O C
Q S S K Z U F P I P Y I E V Q E V H I
O M E K I P D N U M A S O R H R F T T
T B Y N O S P M O H T Y M E R E J A Y
S O S D N I H N A R A I C L W H C M J
I J O N N Y L E E M I L L E R L Z M O
S W E R D N A N E E V A N H R E V E N
Y C C L A U R E N C E O L I V I E R E
M U W T V D Z Y A P T R N B U L I J S
E W F U P B D O N A L D F A I S O N
R S Q X D B R A T E G F N B C U S V L
E Y E A N T N N M Z W L K W L B M F M
J C N E Y D A F C A M W E H T T A M R
X J R E P I P E I L L I B E P A O D C
```

Answers on page 178.

DRACULA

Every word listed below is contained within the group of letters. Words can be found in a straight line horizontally, vertically, or diagonally. They may read either forward or backward. Leftover letters spell what Colonel Sanders said to Dracula when his order was ready.

BAT

BOXES

BRAM STOKER

CARFAX

CASTLE

COUNT

DIARIES

DOG

DR. SEWARD

ENGLAND

FILMS

FOG

GARLIC

GYPSIES

HYPNOTISM

JONATHAN HARKER

LETTERS

LORD GODALMING

LUCY

NINETEENTH CENTURY

NOVEL

QUINCEY MORRIS

RED EYES

SACRED WAFER

SEA

SHIP

SUPERSTITION

TEETH

TELEGRAMS

TRANSYLVANIA

UNDEAD

VAMPIRE

VAN HELSING

Leftover letters:

_____

```
        D                           S
      R N                         E D
    T E A X                     S Y R N
  B R K L A                     E E S O U
  O A O G F G                 C I D E I N
  C X N T N R O O           S O R E W T D U
V N E S S E A D G     T     M U A R A I E J P
A S S Y M Y C U L     Y     L N I B R T A O I
G N I M L A D O G D R O L I T D O D S D N H G
S H R A V R V A M P I R E F A W D E R C A S A
U E E R R A B R N I N E T E E N T H C E N T U R Y
  I L O G N C H       L M N     A I P H H S L
  S S M E I C         T S O     E U T A R I
  P I Y L A           S I V     S E N E C
  Y N E E             A T E     E H T K
  G G C T             C O L     T A T E
    N N               N           R E
    S I               P           K L
      U               Y           E
      Q               H           R
```

Answers on page 179.

BUFFY THE VAMPIRE SLAYER

Every word listed is contained within the group of letters. Words can be found in a straight line horizontally, vertically, or diagonally. They may be read either forward or backward.

ADAM

ANGEL

ANYA

BUFFY

CORDELIA

DARLA

DAWN

DRUSILLA

FAITH

(The) FIRST EVIL

GILES

GLORY

JENNY CALENDAR

JONATHAN

JOSS WHEDON

JOYCE

KENDRA

LIBRARIAN

(The) MASTER

MAYOR WILKINS

MUTANT ENEMY

OZ

RILEY

ROBIN WOOD

SARAH MICHELLE GELLAR

SCOOBY GANG

SLAYER

SPIKE

SUNNYDALE

TARA

WARREN

WATCHERS' COUNCIL

WILLOW

XANDER

```
L S N A H T A N O J S U N N Y D A L E
I C J E N N Y C A L E N D A R J P W Y
V O S L I C N U O C S R E H C T A W E
E O G O M B P Y L S O Z A F F W L Y K
T B M A Y O R W I L K I N S O P L D L
S Y C U J Q Q H R J Q H I L O R I T P
R G Y R P Q D R H E T F L E J D S L E
I A F M M B E K Y V T I V P N A U E K
F N X K E Y A S C B W S X A J L R G I
W G H G A N Z I F P Y W A G D R D N P
R A L L E G E L L E H C I M H A R A S
I L S O J D S T J E D O E M I D M N D
L A N Y A A F W N O D O O W N I B O R
E K G T W W K A C A Y R Q Q V E G H S
Y E Y I T N R R I E T C O D G F C K Z
R N R Y L A Q R I T V U E C S W K X O
O D V E T E P E M Q H F M X A N D E R
L R M D E B S N L I B R A R I A N A R
G A H Y F F U B J O S S W H E D O N R
```

Answers on page 179.

ANGEL

Every word listed is contained within the group of letters. Words can be found in a straight line horizontally, vertically, or diagonally. They may be read either forward or backward.

CARITAS

CONNOR

CORDELIA

DANIEL HOLTZ

DARLA

DAVID BOREANAZ

DOYLE

FRED

GROO

GUNN

HARMONY

HYPERION HOTEL

ILLYRIA

JASMINE

KATE

LILAH

LINDSEY

LORNE

LOS ANGELES

(The) POWERS THAT BE

PYLEA

VISIONS

WESLEY

WOLFRAM & HART

```
O U X Y I H L P A C L Q L I P S B E R
D Q K E Z T D A B F S T R Z O K H I A
E P Z L H D A V I D B O R E A N A Z G
R T V S P O W E R S T H A T B E L E A
F C M E J V I A P T N B F G Y H I O E
S Q S W E N A F C A L D D Z N B L A L
I Z W K G N X N H I B Y S L O F W I Y
L O S A N G E L E S X A U K M C M L P
T P A B L Z Q H Z N S B T F R I O E N
D B K H Z I Q O A O Y L V O A E T D L
N O L E T O H N O I R E P Y H O D R V
V E Y M M C B G T S R C S R O N N O C
Q P O L B I G J E I R Y M D C N T C J
G O V M E E N A N V Z O L O N I R N Z
C A R I T A S S Z T L O H L E I N A D
C Y A T R A H M A R F L O W I U L G O
Y W A L R A D I D E N R O L G G R J D
J F B W H I Y N D P I S Z C V O N N Q
A I Z X U J S E H D C L N P O K A T E
```

Answers on page 179.

FIREFLY

Fourteen episodes of "Firefly" were produced. Name them all, then find the episode titles in the grid.

1. S _ _ _ _ _ _ _

2. _ _ _ T _ _ _ _ _ _ _

3. B _ _ _ _ _ _ _ _

4. S _ _ _ _ _ _

5. S _ _ _

6. O _ _ _ _ _ R _ _ _ _ _ _ S

7. J _ _ _ _ _ _ _ _

8. O _ _ _ _ G _ _

9. A _ _ _ _

10. W _ _ S _ _ _ _ _ _

11. T _ _ _ _

12. _ _ _ M _ _ _ _ _ _

13. H _ _ _ _ _ _ G _ _ _

14. O _ _ _ _ _ _ _ _ S _ _ _ _

```
B N O B J E C T S I N S P A C E T
U W C S D L O N Y E R S R M R U O
D O A K M G J R M K Y N G Y A Y T
E T O O T H E T R A I N J O B E J
K S F T L L Y O I H T V Y E F Y Q
C E M E N Y W D W W A T A G O J O
A N S G Y I Z L A G W S A F E V Q
H Y W A R S T O R I E S C F Z A S
W A P S S X F G M V G D V A W O N
H J P S E M L F A R I E L X U G G
S P L E R Y O O S R H A K T P I D
U O W M E W O T X Y G S O Q D N J
B K M E N V T R H Q Q F D N W U H
U A A H I T R A Q U G G I I M S M
B H S T T Z A E B A P H S Z R H M
A K X S Y O S H S Y S T E P F J G
H D L T P I H F X W K Z Z R F I G
```

Answers on page 179.

STARSHIPS

Change just one letter on each line to go from the top word to the bottom word. Do not change the order of the letters. You must have a common English word at each step.

SHIP

_____
_____
_____
_____
_____

STAR

STARGATE

Change just one letter on each line to go from the top word to the bottom word. Do not change the order of the letters. You must have a common English word at each step.

STAR

_____ clue: spinach in an Indian restaurant
_____
_____
_____

GATE

Answers on page 179.

TOM BAKER'S SCARF

Change just one letter on each line to go from the top word to the bottom word. Do not change the order of the letters. You must have a common English word at each step.

BAKER

_____
_____
_____
_____
_____
_____
_____
_____
_____
_____

SCARF

Answers on page 179.

DR. WHO

Every word listed is contained within the group of letters. Words can be found in a straight line horizontally, vertically, or diagonally. They may read either forward or backward.

BBC

BRITISH

CAPALDI (Peter)

COLIN BAKER

COMPANION

CYBERMEN

DALEKS

DAVISON (Peter)

DR. WHO

ECCLESTON (Christopher)

EVIL

GALLIFREY

HARTNELL (William)

MACHINE

MATT SMITH

MCCOY (Sylvester)

MCGANN (Paul)

MONSTERS

PERTWEE (Jon)

REGENERATION

SPIN-OFFS

TARDIS

TENNANT (David)

THE DOCTOR

THE MASTER

TIME LORD

TOM BAKER

TRAVEL

TROUGHTON (Patrick)

```
N N A G C M D Y E R F I L L A G
G P Q N X A D L I V E X E O S H
C A P A L D I A N M M B H Y I S
U I S E G G O O V P P W Y O D I
Q Y K M B I T E J I R K D C R T
N S R E T S N O M D S J C C A I
N G Z R E K A B N I L O C M T R
E T T L L E N T R A H N N C R B
M L C A D O N T R O U G H T O N
R C L T I M E L O R D A M I H C
E P E W R O T C O D E H T T O C
B E V T O M B A K E R G I M A L
Y R A B I W R I Y R S M P C G A
C T R B C T F R E T S A M E H T
L W T C Y Y N U U T N G S Z R B
R E G E N E R A T I O N L M X D
I E V B Q U K A O M A C H I N E
T Q K C K G M N S P I N O F F S
```

Answers on page 180.

TARDIS TRAVELERS

Fill in the blank to complete the name, then find the complete name in the grid. Names can be found in a straight line horizontally, vertically, or diagonally. They may be read either forward or backward.

Amy _____

Ben _____

Bill _____

_____ Oswald

Donna _____

_____ Holloway

_____ Sullivan

_____ Harkness

Jo _____

Liz _____

_____ Jones

_____ Smith

Peri _____

_____ Song

Rory _____

Rose _____

Sarah _____ Smith

Susan _____

_____ Jovanka

Yasmin _____

Zoe _____

```
U  T  N  N  S  I  L  I  Z  S  H  A  W  G  O  I  F
J  D  A  P  E  R  Y  R  P  E  R  I  B  R  O  W  N
O  K  M  D  J  O  I  Y  O  W  Y  W  M  A  T  D  V
G  A  E  S  X  R  A  S  D  S  Z  S  I  C  O  L  I
R  K  R  A  F  Y  D  S  O  E  E  T  Z  E  I  A  K
A  N  O  R  M  W  R  E  N  N  N  T  N  H  R  W  R
N  A  F  A  M  I  I  N  N  O  A  O  Y  O  E  S  H
T  V  N  H  I  L  V  K  A  J  H  P  C  L  H  O  B
C  O  A  J  C  L  E  R  N  A  K  L  F  L  E  A  E
A  J  S  A  K  I  R  A  O  H  N  L  W  O  O  R  N
M  N  U  E  A  S  H  B  T  I  I  E  W  Z  A  J
Y  A  S  E  Y  M  O  K  L  R  M  B  K  A  L  L  A
P  G  W  S  S  S  N  C  E  A  S  C  W  Y  X  C  C
O  E  J  M  M  J  G  A  Y  M  A  W  R  V  F  T  K
N  T  F  I  I  Z  H  J  O  S  Y  O  V  A  N  Y  S
D  C  Z  T  T  T  L  V  T  R  K  H  N  S  V  U  O
M  V  R  H  H  A  R  R  Y  S  U  L  L  I  V  A  N
```

Answers on page 180.

AIS, ANDROIDS, CYBORGS, AND ROBOTS

Every word listed is contained within the group of letters. Words can be found in a straight line horizontally, vertically, or diagonally. They may be read either forward or backward.

ASTRO BOY

AUTOBOTS

BAYMAX

BENDER

DATA

DECEPTICONS

GLADOS

GORT

HAL

(The) IRON GIANT

JARVIS

MARVIN

R. DANEEL OLIVAW

REPLICANTS

SKYNET

THE TERMINATOR

ULTRON

WALL-E

K S T N A C I L P E R B L M V A S I Q

M T H C L J H Q H L B Z E X J S N U B

W G G W R V U S K S T O B O T U A E J

T R O G Z B S V M I U H H L P F N W L

W O L E A V I O H D E Z Y I B D A Q A

X U K Y B G V N D Z S E K H E V W S X

G F M A E W R J S A B D T R I U N X E

T A L O C D A H Y Y L H K L Y O O L W

X T A T A D J F O Q E G O B C J L F Q

U O N C J D N B U T A L O I S A B N T

R X Q A G B O Z E L E Y T F W Y M F D

Z J Y D I R R U E T P S S W H U L R

L O H C T G M P N G E E N H O Q Y U V

V J X S D I N A M C Y M V S K Y N E T

P I A W N Y D O E W A X A H U G F N Q

M Y Z A C R V D R R S S T X S T K L V

O W T X F U H Z V I P W N V R Z A A Q

N O R T L U C I Y U T A G A M H D H E

R Y M I A B N L E K O C F L J B J F W

Answers on page 180.

QUANTUM LEAP

Every word listed is contained within the group of letters. Words can be found in a straight line horizontally, vertically, or diagonally. They may read either forward or backward.

ACCELERATOR

ADMIRAL

AL CALAVICCI

BAKULA (Scott)

CULT SHOW

DOCTOR

EXPERIMENT

HISTORY

HOLOGRAM

JUMP

LEAP

NARRATOR

NAVY

PAST

PRESENT

QUANTUM

SAM BECKETT

SCIENTIST

STOCKWELL (Dean)

TIME TRAVEL

TRAPPED

ZIGGY

T S T O C K W E L L D S A R L
N H I I E Y G G I Z A R L O N
E R O T A R R A N E E M C T J
S E S T R A P P E D Q X A A E
E U X E T S A P N E Q S L R Y
R A L P J E N A V Y C J A E R
P U L C E Z K H U I D D V L O
L A C U I R I C E H M J I E T
R Y E U K C I N E I D U C C S
O E E L F A T M R B K M C C I
T Z O H O I B A E L M P I A H
C W O H S T L U C N G A G R Y
O V Q T Y W U V H Q T T S M E
D K V L T I M E T R A V E L R
R H O L O G R A M U T N A U Q

Answers on page 180.

ORPHAN BLACK

Every word listed is contained within the group of letters. Words can be found in a straight line horizontally, vertically, or diagonally. They may read either forward or backward.

ALISON	HELENA
ART BELL	KATJA
BBC AMERICA	KIRA
BETH	LEDA
BLACK	MILITARY
CASTOR	MONITOR
CLONES	MRS. S
CONSPIRACY	NEOLUTION
COSIMA	PROLETHEANS
DELPHINE	RACHEL
DONNIE	RESEARCH
DYAD INSTITUTE	SARAH MANNING
ENHANCEMENT	SISTERS
FELIX	SURVEILLANCE
GENETICS	THRILLER

```
D Y A D I N S T I T U T E A F A S
H T U O D Z P P X I L E F P N J R
Y N S U R V E I L L A N C E V G E
P E U C A G A U K B Q Z L P H E T
C M E I P R O L E T H E A N S N S
I E N G N I N N A M H A R A S E I
O C I R J Z E H C S Y F Z C T T S
B N H O A R F K G C A G R S R I T
E A P N B C A A A Y M F R O C C B
T H L I F T H R V P E O T H G S W
H N E I J W I E N P T I A L V W H
L E D A S P P O L S N M X Q L C V
L D H Y S O I J A O M J Q X R Q W
E Y S N M T N C M I L I T A R Y E
B Q O B U C H B B C A M E R I C A
T C A L D O N N I E J S I I F A L
R L O A R S B M H R E L L I R H T
A E J C U I B R A R Z B Z I B G Y
N A K K O M Y S K S Z R K W Y D I
Z Y P B K A O S S E N O L C R K M
```

Answers on page 181.

SCI-FI ANAGRAMS

Every word or phrase listed is an anagram (rearrangement) of one of the TV shows titles found in the grid. First, unscramble the letters to figure out the title, then search for it in the grid. Titles can be found in a straight line horizontally, vertically, or diagonally. They may read either forward or backward.

DART MARKET	RAKED SKIS
FAR SPACE	RE-SHOE
FINGER	RID LESS
FRY FILE	SAFE KILLINGS
HAT SHELF	SELL ROW
HEX ITSELF	TEAR TAGS
MR. RACK BROIL	TRIM SILHOUETTE
PEANUT QUALM	WELD WORST
PELICAN TOSS	

```
Q  W  J  G  H  D  A  R  K  S  K  I  E  S  W
A  T  H  E  O  U  T  E  R  L  I  M  I  T  S
R  O  S  W  E  L  L  X  S  L  I  D  E  R  S
T  Z  B  L  A  C  K  M  I  R  R  O  R  Y  F
H  G  P  W  E  S  T  W  O  R  L  D  L  A  A
E  C  A  P  S  N  I  T  S  O  L  F  L  Q  R
X  X  E  S  E  O  R  E  H  A  E  L  U  A  S
F  S  L  B  W  U  U  W  G  R  I  B  V  P  C
I  R  M  N  R  F  C  M  I  N  E  Q  H  P  A
L  Z  U  U  R  G  W  F  G  S  H  M  X  Z  P
E  Q  T  I  Z  J  N  S  R  V  R  D  O  Z  E
S  P  N  D  A  R  K  M  A  T  T  E  R  E  D
G  G  A  V  Z  I  F  G  D  F  A  N  E  K  R
E  Y  U  D  E  S  T  A  R  G  A  T  E  L  E
J  C  Q  S  H  S  A  L  F  E  H  T  B  R  W
```

Answers on page 181.

BABYLON 5

Every word listed is contained within the group of letters. Words can be found in a straight line horizontally, vertically, or diagonally. They may read either forward or backward.

ALLIES

AMBASSADOR

BABYLON

CENTAURI

CGI

CIVILIZATIONS

DELENN

DIPLOMACY

FEDERATION

FRANKLIN (Stephen)

G'KAR

GARIBALDI (Michael)

HUMANS

IVANOVA (Susan)

LENNIER

MINBARI

MOLLARI (Londo)

NARN

NEUTRAL

PEACE

SFX

SHERIDAN (John)

SPACE STATION

SPECIES

TERRITORY

VIR COTTO

VORLONS

```
S  V  I  R  C  O  T  T  O  L  H  S  W  M  B  E
R  M  U  N  I  Z  P  J  D  F  Y  H  L  A  P  Z
I  U  O  B  V  R  J  E  J  S  P  E  C  I  E  S
I  G  C  L  I  I  H  N  A  L  A  R  T  U  E  N
O  B  H  K  L  Q  V  P  Y  C  K  I  S  V  N  O
B  O  U  A  I  A  N  A  J  C  E  D  F  D  I  L
O  B  U  E  Z  P  R  X  N  V  B  A  X  R  X  Y
H  Z  I  E  A  R  V  I  O  O  T  N  U  G  L  B
C  U  I  G  T  W  E  R  L  Q  V  A  W  A  F  A
A  E  M  K  I  E  L  I  F  K  T  A  M  R  R  B
L  N  M  A  O  O  R  K  N  N  B  N  I  A  E
L  A  I  R  N  U  H  R  E  N  A  T  N  B  N  X
I  R  N  S  S  S  M  C  I  S  E  G  E  A  K  C
E  N  B  K  O  I  I  L  S  T  A  L  L  L  X
S  P  A  C  E  S  T  A  T  I  O  N  E  D  I  R
F  G  R  J  I  T  D  A  J  W  N  R  D  I  N  V
L  D  I  P  L  O  M  A  C  Y  Q  T  Y  E  L  P
F  O  G  W  R  F  E  D  E  R  A  T  I  O  N  G
```

Answers on page 181.

BATTLESTAR GALACTICA

Every word listed is contained within the group of letters. Words can be found in a straight line horizontally, vertically, or diagonally. They may read either forward or backward.

ACTION

ADAMA (Commander)

APOLLO (Captain)

ATHENA (Lieutenant)

BALTAR (Count)

BATTLESTAR

BOOMER (Lieutenant)

BOXEY

CAPTAIN

COLONIAL

COMMANDER

CYLONS

EARTH

EMPIRE

FLIGHT

FRANCHISE

FUGITIVE FLEET

GALACTICA

GLEN A. LARSON

KOBOL

LIEUTENANT

MANKIND

MINISERIES

PLANET

REIMAGINED

SCI-FI

SPACE

SPIN-OFF

STARBUCK (Lieutenant)

TWELVE COLONIES

UNIVERSE

```
B O X E Y N F S P I N O F F T H R
F X K J O L C B W A K D L N B G X
X S U I I P A T H E N A A V K T J
X W T G M A N K I N D N I F B E F
J C H H C Y L O N S E R N A A N G
A T O E C A P S D T S N O Y T A O
L O B O K G B S U A R L L A T L O
Q M H T R A E E U R E J O T L P B
T E M E F G I I A B V O C O E E R
D M E E R L C N Y U I K P N S A S
E P G L A E O O I C N A A D T F E
N I A F N N M L R K U M M L A C I
I R L E C A M O Y T D K A R R E R
G E A V H L A C C T W B D P H E E
A B C I I A N E A U Y H A S M G S
M N T T S R D V P I M Q C O M B I
I N I I E S E L T B C I O F E G N
E V C G S O R E A A F B Q Z L C I
R J A U Y N J W I I O T Z I W L M
D F P F M F W T N O S J B I V F G
```

Answers on page 181.

THE TWILIGHT ZONE

Every word listed is contained within the group of letters. Words can be found in a straight line horizontally, vertically, or diagonally. They may read either forward or backward.

ACTORS	GUEST	ROD (Serling)
ANTHOLOGY	HORROR	SERIES
CLOSING	HOST	SPONSOR
COMPOSER	"THE INVADERS"	STAR
DIMENSION	"IT'S A GOOD LIFE"	STRANGE
DRAMA	MONOLOGUE	SUPERNATURAL
ENDING	MORAL	SURPRISE
EPISODE	NARRATOR	"TO SERVE MAN"
EVENTS	OPENING	TWILIGHT
FANTASY	PARANORMAL	UNUSUAL
FUTURE	PSYCHOLOGICAL	ZONE

```
P  A  R  A  N  O  R  M  A  L  G  N  W  P  Z  H  H
R  L  N  S  A  L  K  Q  P  T  S  O  X  S  R  G  R
G  F  A  U  L  P  G  Q  F  R  M  I  Q  Y  W  F  Z
S  U  R  P  R  I  S  E  O  O  T  S  T  C  T  C  G
T  T  R  E  E  Y  W  T  R  R  G  N  O  H  L  A  N
R  U  A  R  P  T  C  A  X  R  S  E  T  O  Z  P  I
A  R  T  N  I  A  L  S  B  O  T  M  S  L  Z  G  N
N  E  O  A  S  S  X  R  Z  H  M  I  R  O  S  F  E
G  Y  R  T  O  T  D  E  Q  O  N  D  E  G  P  E  P
E  H  T  U  D  N  J  D  T  G  N  S  S  I  O  F  O
G  L  A  R  E  E  S  A  W  Y  I  E  O  C  N  I  T
T  N  X  A  X  V  L  V  I  U  G  I  P  A  S  L  O
V  S  I  L  W  E  F  N  L  C  U  R  M  L  O  D  S
A  H  E  D  R  A  X  I  I  Y  N  E  O  D  R  O  E
J  O  N  U  N  E  X  E  G  F  U  S  C  H  H  O  R
M  S  R  T  G  E  P  H  H  E  S  T  A  R  W  G  V
Q  T  A  H  J  A  I  T  T  U  W  M  D  D  A  E
L  S  Y  G  O  L  O  H  T  N  A  J  A  Q  W  S  M
Y  E  U  G  O  L  O  N  O  M  L  S  R  B  B  T  A
G  N  I  L  R  E  T  S  D  O  R  L  D  J  P  I  N
```

Answers on page 182.

THE X-FILES

Every word listed is contained within the group of letters. Words can be found in a straight line horizontally, vertically, or diagonally. They may read either forward or backward.

AGENTS

ALIENS

ANDERSON (Gillian)

BELIEVER

CHRIS CARTER

CONSPIRACY

COVER-UP

CULT

DANA SCULLY

DOCTOR

DUCHOVNY (David)

FBI

FOX

GISH (Annabeth)

GOVERNMENT

INVESTIGATE

JOHN DOGGETT

MULDER (Fox)

MYSTERY

PATRICK (Robert)

PHENOMENA

PILEGGI (Mitch)

SECRET

SKEPTIC

SMOKING MAN

THEORIES

TRUST NO ONE

TRUTH

UNEXPLAINED

UNSOLVED

WALTER SKINNER

X-FILES (The)

```
M  M  K  B  T  D  O  J  E  T  S  T  P  R  E  H  C
Y  R  C  M  U  L  D  E  R  N  C  R  U  E  T  D  N
S  D  I  Z  J  W  O  D  I  E  O  D  R  T  A  E  P
T  C  R  Y  S  P  C  U  D  M  N  Y  E  R  G  N  Y
E  K  T  K  N  B  T  C  E  N  S  U  V  A  I  I  L
R  Q  A  D  E  L  O  H  I  R  P  S  O  C  T  A  L
Y  Q  P  T  I  M  R  O  N  E  I  E  C  S  S  L  U
G  I  S  H  L  Z  B  V  J  V  R  C  J  I  E  P  C
E  W  J  S  A  U  A  N  E  O  A  R  I  R  V  X  S
N  A  O  X  A  X  C  Y  X  G  C  E  C  H  N  E  A
O  T  J  K  C  M  H  D  A  P  Y  T  E  C  I  N  N
O  W  A  L  T  E  R  S  K  I  N  N  E  R  F  U  A
N  J  H  G  A  G  E  N  T  S  S  C  Y  I  Z  O  D
T  R  E  V  E  I  L  E  B  T  C  E  M  F  L  L  X
S  M  O  K  I  N  G  M  A  N  R  I  L  B  T  S  Y
U  N  S  O  L  V  E  D  K  T  N  U  T  I  C  Z  Y
R  P  J  O  H  N  D  O  G  G  E  T  T  P  F  J  F
T  H  E  O  R  I  E  S  X  H  K  D  L  H  E  X  M
T  G  C  T  S  G  P  H  E  N  O  M  E  N  A  K  O
N  O  S  R  E  D  N  A  P  I  L  E  G  G  I  L  S
```

Answers on page 182.

FRINGE

Every word listed is contained within the group of letters. Words can be found in a straight line horizontally, vertically, or diagonally. They may read either forward or backward.

AGENT	FOX	OLIVIA DUNHAM
ALTERNATE	FRANCIS (Charlie)	PARALLEL
ANNA TORV	FRINGE	PATTERN
ASTRID (Farnsworth)	J. J. ABRAMS	PETER (Bishop)
BOSTON	JACKSON (Joshua)	SCIENCE
BROYLES (Phillip)	LAB	SHAPE-SHIFTER
CORTEXIPHAN	LINCOLN (Lee)	TECH
DIVISION	MASSIVE DYNAMIC	TELEPORT
EXPERIMENT	NINA SHARP	WALTER (Bishop)
FATHER	NOBLE (John)	
FBI	OBSERVER	

```
G T N Q Y M U R E V R E S B O N B
O E W P S L J L A P Y E M J F T H
Q L K O J L D D V L G S A Q X R M
A E I J I B F D S T D R R J P E X
N P A V L I N C O L N Q B P O T D
F O O Q I R C B S I C N A R F F I
Y R A P N A B N U P C B J Q U I R
O T I O Z O D W N N E Q J L T H T
G H G N S Y I U P A T T E R N S S
H F E T G W R S N F I Z E B E E A
H O O J C E B J I H E K A R M P N
A N N A T O R V K V A W B O I A O
F Y X L O K S P Y X I M H Y R H B
A R A Y C V A G E N T D N L E S L
T W P T V R L A B B F D M E P R E
H N I N A S H A R P R O A S X V G
E F A L T E R N A T E S X T E C H
R N L C I M A N Y D E V I S S A M
L E C N E I C S A W N O S K C A J
L N F C O R T E X I P H A N Y X A
```

Answers on page 182.

NORTHERN EXPOSURE

Every word listed is contained within the group of letters. Words can be found in a straight line horizontally, vertically, or diagonally. They may be read either forward or backward.

AIRPLANE	JUDAISM
ALASKA	MAGGIE
ASTRONAUT	MARILYN
CHARACTERS	MUSIC
CULTURE SHOCK	MYTHOLOGY
DOCTOR	RADIO
ECCENTRIC	ROUGHING IT
HUNTING	SNOW
IDENTITY	TAVERN
JOEL	WILDERNESS

```
Y E C L Q Y P A N U N B F N G
T M T I G N I H U O R R V A
I A C G S G A H N O O T J K I
T G T S J U D A I S M U S L R
N G M K S K M D T J V A T C P
E I T R G E A X N Q L N A M L
D E Y X O R N Y U A W O V Y A
I O X J L T N R H A L R E T N
Z B O I U F C G E Y N T R H E
E E H Q V A Q O I D J S N O W
L M A R I L Y N D F L A P L D
T A E C C E N T R I C I I O U
C U L T U R E S H O C K W G Q
C H A R A C T E R S U P I Y V
Q X X C P R V D X G P O J H S
```

THE OFFICE

Every word listed is contained within the group of letters. Words can be found in a straight line horizontally, vertically, or diagonally. They may read either forward or backward.

ACCOUNT

ANGELA

B. J. NOVAK

BOSS

BRANCH

CREED (Bratton)

DARRYL

DUNDER MIFFLIN

DWIGHT (Schrute)

ED HELMS

ERIN

GABE

HUMAN RESOURCES

JAMES SPADER

JENNA FISCHER

JIM HALPERT

JOHN (Krasinski)

KELLY (Kapoor)

KEVIN MALONE

MANAGER

MEREDITH (Palmer)

MICHAEL (Scott)

OFFICE

OSCAR

PAM BEESLY

PAPER

PHYLLIS

RAINN WILSON

RECEPTIONIST

RYAN (Howard)

SALES

SCRANTON

STANLEY (Hudson)

STEVE CARELL

TOBY (Flenderson)

WAREHOUSE

```
S T E V E C A R E L L M H J U I P
N P R E G A N A M J T B C G A B E
U O H A M D E N O L A M N I V E K
N T T Y L R E H C S I F A N N E J
L S M N L E N A O S C A R Y S G B
S I H T A L G E K E H H B O S S T
E N I T L R I N K L E C I F F O Z
C O K K I Y C S A A N Q N O B T J
R I A S Q D R S G S F A C Y J Y T
U T D U N D E R M I F F L I N L R
O P V M C T F R A U Q E B R O S E
S E C R P S E J E D D N Z N V E P
E C D R S D D F V M M I C H A E L
R E N H E N N A Y R L N F J K B A
N R V F E E W A R E H O U S E M H
A P C G R L D S T A N L E Y C A M
M G A I J A M E S S P A D E R P I
U G N P P T B S Y A C C O U N T J
H V R O E M D W I G H T K E L L Y
J H E T I R A I N N W I L S O N H
```

Answers on page 183.

SIMPSONS CHARACTERS

Every word listed below is contained within the group of letters. Words can be found in a straight line horizontally, vertically, or diagonally. They may read either forward or backward.

BARNEY GUMBLE

CARL CARLSON

COMIC BOOK GUY

DISCO STU

DUFFMAN

EDNA KRABAPPEL

FAT TONY

HANS MOLEMAN

JIMBO JONES

JOE QUIMBY

KENT BROCKMAN

KRUSTY

LENNY LEONARD

MARTIN PRINCE

MOE SZYSLAK

NED FLANDERS

NELSON MUNTZ

OTTO MANN

RALPH WIGGUM

SEYMOUR SKINNER

TIMOTHY LOVEJOY

TROY MCCLURE

WAYLON SMITHERS

```
M N O S L R A C L R A C N H R J E N
F O Y T R O Y M C C L U R E E D N K
M Y E U K E D R A N O E L Y N N E L
A U O S G F H Z K C V I O A N U L Q
R E G J Z K M T M T B L K Z I S S I
T V Z G E Y O H I J Y R R D K O O T
I C X S I V S O R M A N K Z S E N N
N F H E N W O L B B S U U R R D M W
P M A N D A H L A C C N E Q U I U G
R L N O R Z M P Y K I D O Z O S N K
I S S J N C P F L H N M X L M N T R
N Y M O Y E P K F A T T O N Y N Z Y
C B O B L B Q F L U R O X C E A M E
E Q L M F K I F Q P D V M I S M W P
D L E I C Z D U T S O C S I D O Z C
D P M J O E Q U I M B Y X I T T V L
Z B A R N E Y G U M B L E B I T J P
K E N T B R O C K M A N M U C O C F
```

Answers on page 183.

SEEN ON SYFY

Every word listed is contained within the group of letters. Words can be found in a straight line horizontally, vertically, or diagonally. They may be read either forward or backward.

ALPHAS

ANDROMEDA

BATTLESTAR GALACTICA

BEING HUMAN

CAPRICA

CHANNEL ZERO

COSPLAY MELEE

DESTINATION TRUTH

EUREKA

FACE OFF

FARSCAPE

GHOST HUNTERS

HAPPY!

HAVEN

KILLJOYS

KRYPTON

LEXX

(The) MAGICIANS

(The) OUTER LIMITS

(The) PURGE

SANCTUARY

STARGATE SG-1

STARGATE ATLANTIS

STARGATE UNIVERSE

WAREHOUSE 13

WYNONNA EARP

VAN HELSING

Z NATION

```
O  S  T  A  R  G  A  T  E  U  N  I  V  E  R  S  E  B  R  Z  F
R  S  S  U  P  I  M  B  M  I  W  A  F  A  C  E  O  F  F  W  1
E  Z  I  N  I  W  J  A  Q  Y  A  N  J  S  M  S  O  L  W  M  G
Z  K  T  X  R  U  U  T  R  U  R  D  S  G  T  A  T  E  X  A  S
L  Y  N  O  A  L  O  T  Y  X  E  R  S  G  R  H  N  X  P  G  E
E  E  A  O  W  L  U  L  L  G  H  O  Y  Z  L  P  E  Z  W  I  T
N  Y  L  T  O  Q  T  E  O  H  O  M  Y  R  G  L  D  Z  N  C  A
N  H  T  C  I  O  E  S  C  O  U  E  H  R  A  A  R  Q  J  I  G
A  H  A  P  P  Y  R  T  O  S  S  D  S  W  T  U  C  B  J  A  R
H  G  E  A  O  L  L  A  S  T  E  A  E  Y  N  S  T  U  W  N  A
C  N  T  N  Z  R  I  R  P  H  1  W  K  P  O  E  M  C  W  S  T
W  I  A  D  N  I  M  G  L  U  3  V  G  N  A  J  V  C  N  A  S
M  S  G  S  A  O  I  A  A  N  L  Z  A  L  F  C  L  A  B  A  V
F  L  R  A  T  W  T  L  Y  T  O  P  L  C  F  L  S  L  H  A  S
X  E  A  L  I  T  S  A  M  E  K  T  R  I  I  V  F  R  I  H  N
S  H  T  K  O  V  E  C  E  R  P  R  P  P  U  R  Z  Q  A  K  L
Y  N  S  U  N  I  B  T  L  S  G  Z  U  Y  R  M  P  P  O  F  F
N  A  M  U  H  G  N  I  E  B  U  M  I  O  R  D  L  A  J  E  L
B  V  R  G  M  Q  V  C  E  A  K  E  R  U  E  K  J  N  C  G  U
C  E  G  R  U  P  Q  A  W  Y  N  O  N  N  A  E  A  R  P  N  U
U  Q  M  H  T  U  R  T  N  O  I  T  A  N  I  T  S  E  D  C  E
```

Answers on page 183.

MYSTERY SCIENCE THEATER 3000

Every word listed is contained within the group of letters. Words can be found in a straight line horizontally, vertically, or diagonally. They may be read either forward or backward.

CAMBOT

CROW T. ROBOT

FELICIA DAY

GYPSY

JANITOR

JOEL HODGSON

JOEL ROBINSON

JONAH HESTON

JONAH RAY

KINGA FORRESTER

MAD SCIENTISTS

MANOS: THE HANDS OF FATE

MICHAEL J. NELSON

PARODY

PATTON OSWALT

RIFFING

ROBOTS

SATELLITE OF LOVE

THE MADS

TOM SERVO

```
V  M  O  J  B  W  E  G  C  U  Y  Q  M  O  S  L  S  W  I
C  R  P  M  Y  Q  X  A  A  A  J  Y  J  Z  T  I  H  H  N
C  E  D  H  Q  V  M  U  D  K  A  O  S  K  J  F  H  A  O
R  T  F  E  H  B  I  A  X  D  E  T  L  P  S  F  O  U  T
O  S  W  G  O  X  I  K  C  L  O  B  D  S  A  S  I  A  S
W  E  V  T  U  C  N  Y  R  B  P  M  E  M  M  D  L  F  E
T  R  Y  E  I  Z  W  O  O  J  O  N  A  H  R  A  Y  D  H
R  R  B  L  E  Y  B  R  A  L  X  E  T  Z  D  M  V  U  H
O  O  E  I  S  I  M  Q  P  A  R  O  D  Y  O  E  B  G  A
B  F  P  P  N  O  S  G  D  O  H  L  E  O  J  H  S  Y  N
O  A  Y  S  Z  R  M  D  S  C  I  V  C  Z  O  T  V  U  O
T  G  O  S  A  M  A  D  S  C  I  E  N  T  I  S  T  S  J
G  N  M  N  O  S  L  E  N  J  L  E  A  H  C  I  M  A  B
V  I  D  W  C  C  R  I  F  F  I  N  G  T  G  R  N  V  F
M  K  T  O  M  S  E  R  V  O  E  L  D  G  P  I  U  N  R
P  A  T  T  O  N  O  S  W  A  L  T  I  Q  T  R  X  W  M
M  A  N  O  S  T  H  E  H  A  N  D  S  O  F  F  A  T  E
E  I  Z  X  R  I  G  J  Q  M  N  E  R  K  P  X  K  V  S
S  A  T  E  L  L  I  T  E  O  F  L  O  V  E  K  G  I  U
```

Answers on page 183.

GREEK MYTHOLOGY

Every word or phrase below is an anagram of a figure from Greek mythology. First, unscramble the letters to figure out that name, then search for it in the grid on the next page. Words can be found in a straight line horizontally, vertically, or diagonally. They may read either forward or backward.

A HEIST	JONAS	RENO BELLHOP
AMUSED	LOCAL PIE	SALT TUNA
ANCHOR	MAESTRI	SEE HUTS
A PARDON	MAIN TOUR	SHORE UP
A SAD DUEL	METERED	SIRE
BE SURE	NEGATION	SLEEP AID
COIL	ORATE	SORE
DEAL	PAUSE IT	SUGAR
ERAS	PEEL OPEN	TAINTS
GASES UP	PERUSES	TREACLE
HIATAL	POISONED	TROCHE
HOLIES	POSTURE	UPSET HOMER
IRATE SIS	PRO HERETICS	

```
P R O M E T H E U S N A T I T
O B U E P E A Z N R I O W J C
S C O D O R S N H O V V S A Q
E S R U I P E P T G G L O A H
I R P S L S D A Z A K I B M J
D T H A L I A D E L L U T M E
O S E R A C I R J C T U M N L
N B U O C H E M G Q H V S I A
O O S D D O L J R U E D P U T
H Q R N S R P E G A S U S L Q
P O T A R E T T I R E S I A S
O E E P H E S T I A U F U A U
R S N S M C S S Z A S D R S L
E U O E R O S U J A R T U B A
L E D I L P A E T H C A A B D
L T R P L O S S A E I U T V E
E O R E P E P R L C P S O C A
B R U O B N H E L T Q A N Z D
T P I R V U V P L O Q M I I U
L L D S Z F S G A R T E M I S
```

Answers on page 184.

FOR THE SCIENCE GEEKS

1. When is the flame of a gas stove the hottest?

a) when it is white

b) when it is blue

c) when it is red

d) when it is orange

2. What is a piece of cosmic debris on Earth called?

a) a meteor

b) a meteorite

c) a satellite

d) a moon rock

3. Bats are:

a) extremely well sighted

b) farsighted

c) partially blind

d) totally blind

4. Approximately how far is the moon from the Earth?

a) 240,000 miles

b) 300,000 miles

c) 420,000 miles

d) 510,000 miles

5. About how many hairs does the average blond-haired person have?

a) 10,000 hairs

b) 70,000 hairs

c) 140,000 hairs

d) 280,000 hairs

Answers on page 184.

1. What is the largest animal of all time?

a) brontosaurus

b) wooly mammoth

c) blue whale

d) Indian elephant

2. From what is a camel's hair brush made?

a) camel hair

b) squirrel hair

d) mohair

e) straw

3. Which animal cannot jump?

a) dachshund

b) hippopotamus

c) turkey

d) elephant

4. Which one of the following animals is extinct?

a) giant anteater

b) ground sloth

c) sturgeon

d) golden eagle

5. What is the only animal with a straight backbone?

a) camel

b) giraffe

c) rattlesnake

d) skunk

6. Which of the following is the largest living snake?

a) python

b) boa constrictor

c) anaconda

d) king cobra

7. What animal always gives birth to 4 genetically identical offspring?

a) horsefly

b) armadillo

c) chicken

d) grizzly bear

8. Which of the following is the smallest carnivore?

a) weasel

b) otter

c) crocodile

d) bobcat

Answers on page 184.

NOTED PROGRAMMERS

Every name listed is contained within the group of letters. Words can be found in a straight line horizontally, vertically, or diagonally. They may be read either forward or backward.

ADA LOVELACE

ADELE GOLDBERG

ALAN COX

ALAN TURING

ALFRED AHO

ANDI GUTMANS

BILL GATES

BRENDAN EICH

DANIEL HA

ERIC RAYMOND

GRACE HOPPER

JACK DORSEY

JOHN BACKUS

JOHN KEMENY

LINUS TORVALDS

MIKE MUUSS

SERGEY BRIN

STEVE WOZNIAK

TIM BERNERS-LEE

TORU IWATANI

WARD CHRISTENSEN

```
W  A  R  D  C  H  R  I  S  T  E  N  S  E  N  W  G
M  S  A  D  A  L  O  V  E  L  A  C  E  Y  Q  Y  E
I  E  E  L  S  R  E  N  R  E  B  M  I  T  N  F  K
Y  R  J  F  S  D  H  S  D  A  N  I  E  L  H  A  B
E  G  O  M  S  T  E  V  E  W  O  Z  N  I  A  K  H
S  E  H  Q  U  J  G  R  A  C  E  H  O  P  P  E  R
R  Y  N  T  U  E  T  O  H  A  D  E  R  F  L  A  K
O  B  K  X  M  B  R  E  N  D  A  N  E  I  C  H  O
D  R  E  R  E  W  J  O  H  N  B  A  C  K  U  S  R
K  I  M  Q  K  E  C  O  D  U  A  L  A  N  C  O  X
C  N  E  L  I  N  U  S  T  O  R  V  A  L  D  S  R
A  D  N  O  M  Y  A  R  C  I  R  E  Z  W  D  U  Z
J  C  Y  A  H  G  A  N  D  I  G  U  T  M  A  N  S
A  D  E  L  E  G  O  L  D  B  E  R  G  S  H  H  M
S  A  L  A  N  T  U  R  I  N  G  O  T  D  Q  K  W
S  E  T  A  G  L  L  I  B  N  T  A  B  G  Q  Z  G
V  P  P  T  O  R  U  I  W  A  T  A  N  I  U  V  A
```

Answers on page 184.

BROADWAY MUSICALS

How well do you know your Broadway musicals? We've hidden the titles of 16 musicals in the grid and given you clues to each of them below. See how many you can uncover! Words can be found in a straight line diagonally, horizontally, or vertically. They may be read either forward or backward.

1. One of the longest-running Broadway shows ever, this musical won the 1976 Pulitzer Prize for drama, as well as 9 Tony awards. It was recently revived on Broadway in 2006.

_____

2. A musical based on the songs of the 1970s chart-topping group ABBA. A movie version was released in 2008, starring Meryl Streep and Pierce Brosnan.

_____

3. Set in 1950s New York City, this musical centers on the conflict between 2 rival street gangs, the Sharks and the Jets.

_____

4. This Stephen Sondheim musical premiered on

Broadway in 1987. It interweaves numerous plot elements from Grimm's fairy tales, including Little Red Riding Hood, Cinderella, and Rapunzel.

_____

5. A dark thriller about the "Demon Barber of Fleet Street," this musical premiered on Broadway in 1979.

_____

6. The world's longest-running musical, featuring well-known characters like Jean Valjean and Inspector Javert, as well as the hit number, "I Dreamed a Dream."

_____

7. Based on George Bernard Shaw's

"Pygmalion," this musical focuses on a Cockney flower girl named Eliza Doolittle.

_____

8. This musical was an instant success after it premiered in Broadway in 1997. It is based on a Disney animated film of the same name, and is performed by actors in animal costumes. The _____

9. Set largely in 1970s Vietnam, this musical is loosely based on Puccini's "Madame Butterfly."

_____

10. This 2001 musical comedy won a record-breaking 12 Tony Awards and was based on a 1968 movie of the same name. It features

the irreverent song "Springtime for Hitler."

_____

11. The very first musical written by Rodgers and Hammerstein, it opened on Broadway in 1943 and ran for an unprecedented 2,212 performances. It features the song "Oh What a Beautiful Mornin'."

_____

12. This rock musical by The Who features the story of a deaf, dumb, and blind "pinball wizard."

_____

13. This musical takes place during the Prohibition era, and features such hit numbers as "All That Jazz" and "Razzle Dazzle." It later spawned an Academy Award winning film of the same name in 2002.

_____

14. A rock opera that takes place in New York's Lower East Side, this 1996 musical includes the hit song "Seasons of Love." It was one of the first popular Broadway shows to feature main characters living with

HIV/AIDS.

_____

15. This 2003 musical includes most of the main characters from The Wizard of Oz, but tells the story instead from the witch's point of view.

_____

16. The second-longest running musical in Broadway history. The first act of this "feline opera" ends with the well-known song "Memory."

_____

```
T H E P R O D U C E R S L M N
N Y R O T S E D I S T S E W C
M I S S S A I G O N V T S S I
P V N T D I F O N E B Y M A N
C U D A V D K O G Z W Y I I T
F N B C A L O H H M L M S M O
C H I C A G O T W H Y S E A T
G F R H P M T I Y F T C R M H
P N O E C K C O A E C P A M E
I M I Y Y K Q I M B N R B A W
A J G K E N R B V M E E L M O
B Q E D N L D C O R Y F E B O
F X W O A O N S W H T B S W D
W A Q D X V I Q T T T N E R S
V M Y U E N I L S U R O H C A
```

Answers on page 184.

SONDHEIM SONGS

Every title listed is contained within the group of letters on the next page. Words can be found in a straight line horizontally, vertically, or diagonally. They may read either forward or backward.

AGONY

AMERICA

ANYONE CAN WHISTLE

BEING ALIVE

BROADWAY BABY

COMEDY TONIGHT

DO I HEAR A WALTZ?

LOSING MY MIND

LOVING YOU

MARIA

NOT A DAY GOES BY

NOT WHILE I'M AROUND

OLD FRIENDS

SEND IN THE CLOWNS

SUNDAY

```
X U U A B S D G Z Y J R V N K M D Z S E
B E O M F Z N J K Q N T S I G O A Z A V
V U L Y Y I N W H L O I S W I F U R B T
Z O Q R G N C Y O Q S Q X H S P D Y I K
C S G D Y N P L N L A H E F O F B J S A
F Z C Y A H I P O Y C A F A S A V D S D
W C Z B M L F V Z S R E E U B W N B B J
V O A S E E W X O A I P H Y R E C E R J
P M P E R Y Q G W L L N A T I Q I T X Y
M E S O I S D A E O K W G R N N U C H O
R D F G C T L D F K D Y F M G I S N X H
V Y H Y A T X R K A O D G A Y D D H A W
K T R A Z L L P O H L E L N N M X N C V
O O K D M P M R T O H I G A R K I N E K
N N E A L E B A T B V X S B Y N H N H S
J I T T W A H P S E P K T V U J N H D Y
L G S O N O T W H I L E I M A R O U N D
G H P N L T X W A H J B X S M Q G E J D
B T W S U N D A Y N U J Z Y N O G A N H
N D B E L T S I H W N A C E N O Y N A L
```

Answers on page 184.

HAMILTON

Answer each question. Then search for the answers you supplied within the group of letters. Words can be found in a straight line horizontally, vertically, or diagonally. They may be read either forward or backward.

1. He created the musical:

_____

2. He previously wrote the music and lyrics for this musical that won several 2008 Tony Awards.

_____

3. He was inspired by a biography of Hamilton written by this author.

_____

4. The show premiered off-Broadway at this theater.

_____

5. Its Broadway opening took place at this theater. _____

6. He played the title role in the Broadway production from July 2016 to January 2018.

_____

7. He played Aaron Burr in the Broadway production from its off-Broadway premiere through July 2016.

_____

8. Complete the song title: "My

_____ "

9. Complete the song title: "The

_____ Sisters"

10. This Act 1 song, the eleventh in the show, is performed by Angelica:

_____

11. Daveed Diggs originated these two roles in the Broadway production: _____ and

_____

12. Complete the song title: "The _____ Where It _____."

```
N A E J Q V J O C F Q Y A F E Y U M E E E
O W D S I V E I B R U F Q S D K B J G R G
S J D N R V P L N Z D T T U J D L T M T G
R L A O A D B L P E D M S Z J T N H A A S
E V E L V R C V I S Q W S Z U L X E R E B
F D T S W X I F I F C Z D I F Y D P Q H Y
F A C O L C S M F T R H T B Y F U U U T O
E L Q G H I I R L Q Y Y U W K O C B I S B
J R E C T S E N V E F I S Y A H L L S R V
S J J A M R L O T Y U K K X L S E I D E H
A A S L T K U V D H B N H W Y E O C E G M
M V Q W L E K J H O E N A U U X R T L D R
O I M Y L W H X G Y M H P M P O S H A O O
H E L T H H I P V E I J E N N T E F R N
T R B F X B C W H D L R R I E I K A A D C
R M Z V B O V G B H X B U P G Q L T Y R H
Y U E J R F Z I X M Q P P X L H Y E E A E
V N S M X O J B T U M A A V Y A T R T H R
Q O I V B Y O B Z Z H Q M E H Q E S T C N
S Z H G W Z J M C R D M I S E X J N E I O
D V Y Y P X B R O X T W Z I W Q S K Q R W
```

Answers on page 185.

THE BEATLES

The list below of album titles is in alphabetical order. Do you know the release order? Fill in the blanks with the year each album was released, then find the album names in the grid.

"ABBEY ROAD" _____

"THE BEATLES _____

"BEATLES FOR SALE" _____

"A HARD DAY'S NIGHT" _____

"HELP!" _____

"LET IT BE" _____

"MAGICAL MYSTERY TOUR" _____

"PLEASE PLEASE ME" _____

"REVOLVER" _____

"RUBBER SOUL" _____

"SGT. PEPPER'S (Lonely Hearts Club Band)" _____

"WITH THE BEATLES" _____

"YELLOW SUBMARINE" _____

Bonus question: List an alternate name by which the album "The Beatles" is known, and find it in the grid.

Bonus answer: _____

E H Y C G C S D Q W Z K P J Y K C X C X N
N Y S A H L R Y O N V Z M M E M K T R P M
I U I T D D E W R U U H U A T Z R H B A U
R Z A W V S P D G W L H E S T D C G G M X
A Q Y R S F P A X I U U E L B W N I A I V
M Z V J H R E I J C H L L B P H C N B Q M
B U O X T W P B W S T U Y W O A M S E Y Q
U I S Z Q Q T T O A O P N V L Y S Y A P T
S L K E Q X G E E S R T K M I T D A T I A
W B I U X M S B R A N E Y J H D G D L K B
O J E I W D E E G V T S V E T I W D E O B
L D B B U H B H K B T H W O R E N R S Q E
L Z L T T B K N D E S H E B L G X A F X Y
E U Z H U I C W R L I A A B F V Z H O M R
Y L T R M B T Y D T M X F S E R E A R A O
G I L Z X E T E E X G P B N N A P R S C A
W I L C X O C A L T V I N U V U T B A P D
R S C R U S L N E R G G G F V X L L T S
V I X R K B V P L E A S E P L E A S E M E
M Z H N U P P I X T J P A A X A B H V S A
M D E M W B N S D S Z B C N B Q J N W K A

Answers on page 185.

HERE'S LOOKING AT YOU, KID

The terms in this grid all relate to the film "Casablanca." Words can be found in a straight line horizontally, vertically, or diagonally. They may read either forward or backward. The leftover letters reveal an additional fact about the movie.

AS TIME GOES BY

CLAUDE RAINS

DOOLEY WILSON

DUELING SONGS

HUMPHREY BOGART

ILSA LUND

INGRID BERGMAN

LA MARSEILLAISE

MAJOR STRASSER

MICHAEL CURTIZ

MOROCCO

PAUL HENREID

PETER LORRE

PLAY IT, SAM

REFUGEES

RICK BLAINE

SYDNEY GREENSTREET

THREE OSCARS

USUAL SUSPECTS

VICTOR LASZLO

Hidden fact:

_____

```
C A S A B D I E R N E H L U A P R
S Y D N E Y G R E E N S T R E E T
T Y L A N C A R A N K S A T S T H
C B O R N E A R T H E T O S E E R
E S I A L L I E S R A M A L N R E
P E N A M G R E B D I R G N I L E
S O O L Z S A L R O T C I V A O O
U G D U E L I N G S O N G S L R S
S E E G U F E R R P O F M D B R C
L M O S T L M O R O C C O N K E A
A I I S T S J O F G R E A U C T R
U T E P L A Y I T S A M S L I T S
S S H U M P H R E Y B O G A R T F
U A I L D O O L E Y W I L S O N M
S O F A S N I A R E D U A L C L L
T I Z I T R U C L E A H C I M M E
```

Answers on page 185.

THE PRINCESS BRIDE

Answer each question. Then search for the answers you supplied within the group of letters. Words and dates can be found in a straight line horizontally, vertically, or diagonally. They may be read either forward or backward.

1. The iconic movie came out in this year. _____

2. It was based on a novel by this writer. _____

3. The novel was published in this year. _____

4. Buttercup lives in this country. _____

5. The farmhand played by Cary Elwes is named: _____

6. Vizzini is played by this actor. _____

7. Robin Wright, who played Buttercup, was recently seen playing General _____ in "Wonder Woman."

8. Humperdinck wants to frame this country for Buttercup's death. _____

9. This actor played Count Rugen, the six-fingered man. _____

10. This was the name of Miracle Max's wife, played by Carol Kane. _____

11. The Cliffs of Insanity are in reality the Cliffs of _____ in Ireland.

12. Vizzini's famous word. _____

13. The role of the Impressive Clergyman was played by this actor. _____

14. The Man in Black tells Inigo Montoya to get used to this. _____

15. Inigo's father's first name was this. _____

```
T A E T R M H C I T F J W N Y 3 E
S I V F D W X W P B D M W M 7 L N
E A N T I O P E G V P A M 9 B D A
U G U I L D E R Z K H V 1 A F I M
G W E S T L E Y O S O U V X L S D
R M P D G M U O E C C I F E O A L
E A C L V R C C H L E J I U R P O
H D W W D R A C H C E I S V I P G
P E B W E L L W N Y J X J A N O M
O A Z T L E Q O C F M F L L H I A
T W E A Q C C W N W D O X E Q N I
S P W C Y N V Q W C O G E R L T L
I S T W I R D 1 K E I N Q I R M L
R B K M X P Y T 9 J Q I G E A E I
H X J I A P Z L O 8 B M H P D N W
C B Y Q L T T W P Q 7 O I N A T V
R L I P I T C L L G M D P I G T H
```

Answers on page 185.

JACKIE CHAN

We've hidden 20 words, names, and phrases associated with action movie star Jackie Chan in the group of letters on the next page. Words can be found in a straight line horizontally, vertically, or diagonally. They may read either forward or backward. Leftover letters spell some words of advice from Chan about emulating his dangerous, injury-filled career.

ACROBAT	KUNG FU
ACTION	MARTIAL ARTS
ASIAN HAWK	MASTER MONKEY
AVENUE OF STARS	MULAN
BEIJING OLYMPICS	PHILANTHROPY
CHRIS TUCKER	RUSH HOUR
CLOTHING LINE	SHANGHAI NOON
COMEDY	SINGER
HONG KONG	STUNTS
INJURY	VIDEO GAMES

```
D N O O N I A H G N A H S
O C H R I S T U C K E R C
Y S K W A H N A I S A A I
E E N Y D E M O C T T C P
K M T P R R Y T S O L R M
N A A O G U S F B O E O Y
O G L R I N O I T C A B L
M O S H T E O H N K E A O
R E M T U I I K H G E T G
E D S N N N A T G S E K N
T I E A G U U L D N U R I
S V L L Y C T O A N O R J
A U I I M P U S G R T H I
M N E H R S I F N S T T E
E E A P Y R U J N I D S B
```

Answers on page 185.

PACIFIC RIM

Every word listed is contained within the group of letters. Words can be found in a straight line horizontally, vertically, or diagonally. They may be read either forward or backward.

BREACH	KAIJU
BURN GORMAN	LEATHERBACK
CHARLIE DAY	MAKO MORI
CHARLIE HUNNAM	MARSHAL STACKER PENTECOST
COMPATIBLE	MECHA
CRIMSON TYPHOON	NEWTON GEISZLER
DRIFTING	OTACHI
GUILLERMO DEL TORO	RALEIGH BECKET
HERMANN GOTTLIEB	RINKO KIKUCHI
HIVE MIND	SHATTERDOME
HONG KONG	SLATTERN
IDRIS ELBA	STRIKER EUREKA
JAEGAR	

O T A C H I T N P X D R K I E L K J A E G A R
Q R U S F C N I A V J W G N B J V C T T F E W
G N I T F I R D H O P P C U R U M H H D T B B
F D W G G V J R H E E J M P I X A O J N E Z O
V P Z U L A Y I C S J E C C S T N R R A V O N
M A R S H A L S T A C K E R P E N T E C O S T
M Z M F X W W E Z H B S E I I K U E L I I H K
H C J Y T R F L A S E X X M O C H E Z S R A C
D F R A M A L B C H I C F S R E E H S M O T A
J E S B T K V A X C L H L O O B I O I C M T B
R N C U C W Y G A J T A Z N T H L N E O O E R
Q I C C J Z J H D X T T D T L G R G G M K R E
U L N A D D Z S V T O Y N Y E I A K N P A D H
D K C K D Z I F E M G G I P D E H O O A M O T
N A M R O G N R U B N R M H O L C N T T Y M A
F N O T O K N Z Q D N Z E O M A Q G W I F E E
Q B R P P X I Q Y T A V V O R R F I E B B M L
D O R L K P J K P R M E I N E Q L R N L Y O U
E Q I E K O Q R U C R R H I L N D B R E A C H
U J I A K F N L T C E M M K L N Y G L Y F B W
E N L O X J U T E C H A R L I E D A Y A N C R
N P T S K L L M B D I I B L U Q R V S J U W B
A K E R U E R E K I R T S L G S Q N P O V Q R

Answers on page 186.

GHOSTBUSTERS (1984)

Every word listed is contained within the group of letters. Words can be found in a straight line horizontally, vertically, or diagonally. They may be read either forward or backward.

BILL MURRAY

DAN AYKROYD

DANA BARRETT

EGON SPENGLER

ERNIE HUDSON

FIREHOUSE

GATEKEEPER

GOZER

HAROLD RAMIS

IVAN REITMAN

KEYMASTER

PETER VENKMAN

RICK MORANIS

PARAPSYCHOLOGISTS

PROTON PACK

RAYMOND STANTZ

SIGOURNEY WEAVER

SLIMER

STAY PUFT

VINZ CLORTHO

WINSTON ZEDDEMORE

ZHUL

```
R A Y M O N D S T A N T Z V V R F I W
E G O N S P E N G L E R K I Q E U L U
P R O T O N P A C K L U E C N Z A J O
S D E M S N V R W C Q H Y E K O T Z H
I Y R V M L A B P T N F M G O G H E T
N O N Y A Z I M X O Z P A O O U H G R
A R I T B E C R T P G A S T L Z A A O
R K E A S D W G D I T X T F K N R T L
O Y H F S E G Y F T E D E U I M O E C
M A U V I U C I E T P R R P K D L K Z
K N D W O X R R S N V V N Y C K D E N
C A S I G E R Z E N R W L A J S R E I
I D O B H A C T Z C E U S T V T A P V
R P N O B E X I G I J P O S L I M E R
H J U A S Y N U P N L A I G V M I R V
H S N B I L L M U R R A Y F I W S Y K
E A N E R O M E D D E Z N O T S N I W
D P E T E R V E N K M A N M E S I P P
A P A R A P S Y C H O L O G I S T S V
```

Answers on page 186.

GHOSTBUSTERS (2016)

Every word listed is contained within the group of letters. Words can be found in a straight line horizontally, vertically, or diagonally. They may be read either forward or backward.

ABBY YATES

CHRIS HEMSWORTH

DR. MARTIN HEISS

ERIN GILBERT

HEARSE

JILLIAN HOLTZMANN

KATE MCKINNON

KEVIN BECKMAN

KRISTEN WIIG

LEY LINES

LESLIE JONES

MAYOR

MELISSA MCCARTHY

PATTY TOLAN

PAUL FEIG

PORTAL

ROWAN NORTH

SUBWAY

```
N P N S S Y L R U K E W E Y M A Y O R
K C D I B H R L E R I N G I L B E R T
N K N I O T Y P N I Y R F B R J E S V
U F N E Y R A G O S U K A Z T S K L D
K M A B H O W N L T A B B Y Y A T E S
D U M L T W B O N E Q Y W V U B V Y Q
R B Z E R S U N O N D V V P F W F Q N
M O T S A M S N M W O K A I O P G A I
A P L L C E Z I U I H F K T E R M A J
R A O I C H E K Z I E B Y T X K T B L
T T H E M S S C N G K G R P C U T A A
I T N J A I E M P P R Y I E V W O Z L
N Y A O S R N E R L K M B E O D O H O
H T I N S H I T H X M N A V F N W D M
E O L E I C L A O E I D W P U L S Y I
I L L S L Y Y K L V A N N U Y J U T P
S A I Y E C E O E Q Y R W F P M Y A F
S N J G M Q L K A U R T S L W J Y Z P
R O W A N N O R T H O X Q E S O L P Y
```

Answers on page 186.

Change just one letter on each line to go from the top word to the bottom word. Do not change the order of the letters. You must have a common English word at each step.

GHOST

_____pottery with glaze applied

_____

_____

_____

_____

_____

_____

_____

SLIME

Answers on page 186.

NO BONES ABOUT IT

A typical adult human skeleton consists of 206 bones. Pick out the fake bone from each list.

1. Wrist bones:

a) trapezium

b) trapezoid

c) capitate

d) rhomboid

2. Finger bones, or phalanges:

a) proximal

b) intermediate

c) pointal

d) distal

3. Leg bones:

a) femur

b) paella

c) patella

d) fibula

4. Ankle bones:

a) calcaneus

b) talus

c) perpendicular

d) navicular

5. Toe bones, or phalanges:

a) proximal

b) intermediate

c) distal

d) porkal

6. Vertebrae:

a) vertical

b) cervical

c) lumbar

d) thoracic

7. Facial bones:

a) mandible

b) nasal

c) palatine

d) pimpal

8. Skull:

a) temporal

b) capital

c) occipital

d) frontal

Answers on page 186.

INVENTIONS

1. Who invented the cotton gin?

a) Cotton Mather

b) Eli Whitney

c) Thomas Edison

d) James Cotton

2. Who is credited with the invention of the machine gun in the 19th century?

a) Bugsy Mallone

b) Jack Winchester

c) Richard Gatling

d) Wyatt Earp

3. What was the first "talkie," or sound movie, in America?

a) "Birth of a Nation"

b) "All That Jazz"

c) "The Little Colonel"

d) "The Jazz Singer"

4. Who invented the Polaroid camera?

a) Edwin Polar

b) George Eastman

c) John Kodak

d) Edwin Land

5. For what invention was Abner Doubleday famous?

a) baseball

b) refrigeration

c) copy machine

d) typewriter

6. Who invented the telegraph?

a) Thomas Edison

b) Samuel Morse

c) Guglielmo Marconi

d) Alexander Graham Bell

7. What was the first American college, founded in 1636?

a) Yale

b) Princeton

c) Harvard

d) UCLA

Answers on page 186.

Remember the periodic table? Hopefully, you won't need any extra oxygen as you go through these lists and pick out the real element in each group.

1. a) nemonium

b) goofonium

c) plutonium

d) pocohontium

2. a) billium

b) lawrencium

c) rogerium

d) peterium

3. a) californium

b) nevadium

c) washingtonium

d) floridium

4. a) coliseum

b) stadium

c) palladium

d) rostrum

5. a) bolivium

b) spainium

c) brazilium

d) francium

6. a) geranium

b) germanium

c) gorrilium

d) gerrymanderium

7. a) frankincense

b) gold

c) bronze

d) myrrh

8. a) fluoride

b) fluorine

c) formaldehyde

d) fluorescence

Answers on page 186.

IRON MAN'S JOURNEY

Tony Stark's road to Iron Man begins in a cave. Change just one letter on each line to go from the top word to the bottom word. Do not change the order of the letters. You must have a common English word at each step.

CAVE

_____

_____

_____

HERO

BRUCE BANNER AND THE HULK

Geeky scientist Bruce Banner transforms into the Hulk! Change just one letter on each line to go from the top word to the bottom word. Do not change the order of the letters. You must have a common English word at each step.

GEEK

_____

_____

_____

_____

_____

_____

_____

HULK

Answers on page 187.

GETTING POWERS FROM A SPIDER

Peter Parker, and later Miles Morales, get their powers through a spider bite. Can you get powers from a spider by changing just one letter on each line to go from the top word to the bottom word. Do not change the order of the letters. You must have a common English word at each step.

SPIDER

_____ more snide

_____
_____
_____
_____

_____ parts of eggs

_____
_____
_____
_____
_____
_____
_____
_____
_____

_____ groups

_____
_____
_____
_____

POWERS

Answers on page 187.

BLACK PANTHER

Every word listed is contained within the group of letters. Words can be found in a straight line horizontally, vertically, or diagonally. They may be read either forward or backward.

BORDER TRIBE

CHADWICK BOSEMAN

DANAI GURIRA

DORA MILAJE

ERIK STEVENS

EVERETT ROSS

HEART-SHAPED HERB

JABARI

KILLMONGER

LUPITA NYONG'O

M'BAKU

MICHAEL B. JORDAN

NAKIA

N'JADAKA

N'JOBU

OKOYE

RAMONDA

RHINOCEROS

RIVER TRIBE

RYAN COOGLER

SHURI

T'CHAKA

T'CHALLA

ULYSSES KLAUE

VIBRANIUM

WAKANDA

WAR DOG

W'KABI

ZURI

```
R H I N O C E R O S A E O Z M N L Z A
J C I Z N V B O R D E R T R I B E O K
N H E U J G S R N F E K D E M H P J A
A A S M O S S O R T T E R E V E I D D
D D Z U B Q M Z R E V F G G A A L O A
R W A I U A W F E B M U R P X R E R J
O I V N R L R F C I E L E K N T F A N
J C A A N E D X R R Y G O X S Q M O
B K L R D I L M Z T Y S N P Z H B I G
L B L B X A G X J R D S O S H A E L N
E O A I A D O U X E S E M E K P A A O
A S H V Y N O S R V D S L U O E K J Y
H E C Y Z A C V Z I H K L C M D A E N
C M T P E K N S K R R L I U N H H V A
I A R Y T A A A H I B A K W N E C I T
M N O T D W Y S K U W U C T B R T Z I
F K J A B A R I B I R E R X W B U A P
O L K I G S W X J W A I G O D R A W U
J Y V E H B S N E V E T S K I R E X L
```

Answers on page 187.

SQUIRREL GIRL

Every word listed is contained within the group of letters. Words can be found in a straight line horizontally, vertically, or diagonally. They may be read either forward or backward.

CHIPMUNK HUNK

COMPUTER SCIENCE

DOCTOR DOOM

DOREEN GREEN

ERICA HENDERSON

EMPIRE STATE UNIVERSITY

GALACTUS

GREAT LAKES AVENGERS

KEN SHIGA

KOI BOI

KRAVEN THE HUNTER

MEW

MOLE MAN

MONKEY JOE

NANCY WHITEHEAD

NANNY

NUTS

RATATOSKR

RYAN NORTH

SQUIRREL GIRL

TAIL

TIPPY-TOE

TOMAS LARA-PEREZ

UNBEATABLE

```
B M V L T H K R A V E N T H E H U N T E R
E M P I R E S T A T E U N I V E R S I T Y
D O X G I E L W Q H H F B D E V H O E P D
T X D F T P E G E N J J Z N G L V L M C S
E K E N S H I G A M V V B K R R B I T H X
R Z D O R E E N G R E E N C E I N T A I L
I W Q M W V N O K Y J Z O P A G D V W P S
C O T H P Y G A L A C T U S T L A N B M T
A Q B I O D C B M G V Q M O L E M A N U O
H M M I P X M Y O E H E D Y A R T N H N M
E B O S O P H H O V T P D N K R S C J K A
N M P N V K Y J D U R V P N E I D Y K H S
D D F D K A Y T R I O X W V S U M W R U L
E C U A B E Z N O T N U T S A Q A H A N A
R M W U T A Y R T E N E J C V S L I T K R
S J E T G Z K J C L A N B N E Q H T A A A
O H O L X M B U O Y Y J O I N C B E T T P
N N E G V V B T D E R L V K G T D H O O E
C O M P U T E R S C I E N C E R R E S Y R
S A H T B X L O O I U A H Q R X M A K O E
W E C E L B A T A E B N U V S Y Y D R F Z
```

Answers on page 187.

MARVEL ON NETFLIX

Answer each question. Then search for the answers you supplied within the group of letters. Words can be found in a straight line horizontally, vertically, or diagonally. They may be read either forward or backward.

1. He plays the lead of Matt Murdock on "Daredevil."

_____

2. Matt Murdock's law partner, played by Elden Henson, is:

_____

3. Claire Temple is played by this actress.

_____

4. He plays the role of Kingpin.

_____

5. She plays the title role in "Jessica Jones."

_____

6. She plays the role of Trish Walker.

_____

7. David Tennant plays this role.

_____

8. The name of Jones' detective agency.

_____

9. He plays the title role on "Luke Cage."

_____

10. Simone Missick plays this role.

_____

11. Alfre Woodard plays this role.

_____

12. The title of episode 13 in season 1 of "Luke Cage."

_____

13. He plays the lead role of Danny Rand in "Iron Fist." _____

14. The role of Colleen Wing is played by this actress.

_____

15. This family took over Rand Enterprises in Danny Rand's absence.

_____

16. He plays the role of Bakuto.

_____

17. He plays the lead role of Frank Castle in "The Punisher."

_____

18. He plays the role of David Lieberman.

_____

19. Amber Rose Revah plays this role.

_____

20. Ben Barnes plays Billy Russo, who runs this business.

_____

```
S  N  O  I  T  A  G  I  T  S  E  V  N  I  S  A  I  L  A
Z  N  O  S  L  E  N  Y  G  G  O  F  G  E  C  D  D  L  W
E  P  A  I  S  H  G  O  M  R  E  T  L  O  C  E  K  I  M
U  P  D  R  T  J  B  U  S  C  W  E  W  D  T  M  Z  N  N
G  A  F  D  A  H  H  P  A  W  V  F  K  G  K  D  G  V  Z
I  N  S  L  J  C  G  H  Y  E  A  H  E  B  N  I  X  I  E
R  V  F  E  A  O  H  I  B  S  U  D  N  M  Q  N  J  N  K
D  I  I  E  N  X  N  A  N  G  G  S  O  M  F  A  V  C  R
O  L  M  W  X  O  K  B  E  K  X  A  V  I  J  H  Y  E  Y
R  N  B  N  P  C  J  I  E  L  Y  W  C  P  R  M  V  N  S
N  S  G  Q  M  E  X  N  L  R  T  T  Y  D  F  A  T  T  T
O  E  Z  V  J  I  T  J  N  G  N  A  S  O  F  D  S  D  E
M  S  R  F  V  L  W  G  V  I  R  T  Y  I  W  A  J  O  N
A  O  F  O  T  R  V  R  E  G  F  A  H  L  M  N  A  N  R
R  A  N  G  D  A  W  A  N  R  T  J  V  A  O  I  C  O  I
M  A  R  I  A  H  D  I  L  L  A  R  D  E  L  R  E  F  T
J  E  S  S  I  C  A  H  E  N  W  I  C  K  N  P  U  R  T
E  B  O  N  M  O  S  S  B  A  C  H  R  A  C  H  Y  I  E
O  X  Z  Z  E  E  T  S  Y  M  W  O  N  K  U  O  Y  O  R
```

Answers on page 187.

AVENGERS ANAGRAMS

Unscramble the names of the Avengers and their associates below.

1. Blanked Load

2. Jean Navy Dent

3. Man Tan

4. A Ceramic Patina

5. Crab Not Lint

6. Thaw Circlets

7. Bald Wick Ow

8. Canard Solver

9. Salon Swim

10. Bricking Mod

11. Mr Ms Vale

12. Bah Pokiest

13. Dancer Grottos

14. Fare Wrestle Jinn

15. Arm On

Answers on page 187.

THE WORLD OF THE X-MEN

Unscramble the names below.

1. Relax Archives

2. Cutest Mr Moss

3. Baste

4. Twirl Changer

5. Genre Jay

6. Roomer No Our

7. Kid Pet I Try

8. Rue Go

9. Bale Emu Rye

10. Short Rant

11. Ms Equity

12. Vice Qi Lurks

13. Olive Wren

14. Get Moan

15. Solo Cuss

Answers on page 187.

WEBCOMICS

Every word listed is contained within the group of letters. Words can be found in a straight line horizontally, vertically, or diagonally. They may be read either forward or backward.

BANDETTE

BATTLEPUG

BIRD BOY

BROTHERS BOND

COUNT YOUR SHEEP

DINOSAUR COMICS

GIRL GENIUS

GUNNERKRIGG COURT

HARK! A VAGRANT

NOWHERE GIRL

(The) OATMEAL

OCTOPUS PIE

PENNY ARCADE

SAY IT WITH NOODLES

STICK FIGURE HAMLET

SUPERMUTANT MAGIC ACADEMY

(The) TEA DRAGON SOCIETY

XKCD

N V T O X P K Z L Y P R O R R N U Y H A O P P
Z V R K J E Z T X M T P Y Z B T A C L C D Q T
N S U N I E A Y R E N E E C D A E U C Q N S E
D T O H Y H X E Q D C O H T A H U O K N V E L
Z P C A T S E M Q A O Y O N T Z O R N I B L M
P O G F E R H J V C K B C L H E J K W J U D A
O F G S I U A W C A F A T T F O D Z H O R O H
K Q I N C O D S R C N T O N U K B N S O L O E
R R R B O Y A H D I M T P A Z R J E A S I N R
X O K S S T E T D G W L U R W D G S M B E H U
O A R F N N G A I A Y E S G Y T Y U B W J T G
C T E F O U H B N M C P P A P C C I P L E I I
X M N U G O C R O T X U I V E F U N N P Q W F
F E N H A C C O S N S G E A N D X E E C E T K
O A U W R U C T A A B W G K N R J G G Y U I C
Y L G Q D G K H U T D Y N R Y Q S L E C D Y I
B O Y N A I Q E R U Q G U A A B I R E W I A T
U B B G E M W R C M X A A H R I N I X X Z S S
I K Q D T U U S O R Z D V S C E R G I K N A X
Z E G X R O C B M E O R K S A Z W H U Z C X Y
X Y Z E X I Z O I P O G C S D B I P B Z N D S
Z G P X P H B N C U L R I G E R E H W O N R F
L C D I F R A D S S Y Z Z U K E O R T V Y Z V

Answers on page 188.

THE SANDMAN (COMICS)

Answer each question. Then search for the answers you supplied within the group of letters. Words can be found in a straight line horizontally, vertically, or diagonally. They may be read either forward or backward.

1. Name the seven figures of the Endless.

_____

_____

_____

_____

_____

_____

_____

2. One of the Endless was once known by this name. _____

3. Dream is also commonly known by this name. _____

4. This man wrote the series.

_____

5. The magician who imprisons Dream at the beginning of the series is named

_____.

6. The librarian in The Dreaming is named _____.

7. This immortal character meets up with Dream every century.

_____

8. Fill in the last names of these characters:

Rose _____

Unity _____

Prez _____

Mervyn _____

9. Fiddler's Green is also known as

_____.

10. The raven is named

_____.

```
E U R Z P Y Y V F D E S P A I R K N H
G N I L D A G B O H T C J Y U K C O Y
W G S U E H P R O M D N U O M P O I D
U N J F S F Y D U I E D A C A U C T P
E T Q I L S I K R C L X Q Q T M R C Z
G R G I L B E R T Y I F A N T P Z U T
I F I L C M Z G I R G U D N H K S R T
G A T S V N P C R V H N E D E I Y T D
V O A Y E W I G D U T P S Z W N N S E
X K L B C D G U B O B S D D Y H I E A
P Y S U N K H M K N M K R P R E T D T
Q N A M I A G L I E N A C M V A S J H
B D E L I R I U M I K U V I L D E K U
V M W U C D T A I C H I P G R Y D U C
D P A C C O E W I U Y V N M D E E D J
N K L R M A E R D L C G F K Z M D M C
T N K P R J D H G W A P D P A P Z O F
S O E M Q P V N H Z R L K V D I L W R
A K R C Y B Q Q V X C Z I H W Z D E C
```

Answers on page 188.

SUPERMAN

Every word listed below is contained within the group of letters. Words can be found in a straight line horizontally, vertically, or diagonally. They may read either forward or backward.

BLUE SUIT	LOIS LANE
CLARK KENT	MAN OF STEEL
DAILY PLANET	MARTHA KENT
JIMMY	METROPOLIS
JOR-EL	PERRY (White)
KAL-EL	RED CAPE
KRYPTON	(Christopher) REEVE
LANA LANG	X-RAY EYES
LEX LUTHOR	

```
L O O X R A Y E Y E S
L E E T S F O N A M K
E O J U E V E E R P I
X N I T K
L J M S A
U O M H L E N O T P Y R K S S
T R Y K E A Y I T R S G A B I
H E I R L D N I R T S N A P L
O L L A N T N E K K R A L C O
R R E D C A P E E I T L S S P
                A U P O
                N E R R
      D A I L Y P L A N E T
      M T I U S E U L B A E
      N T N E K A H T R A M
```

Answers on page 188.

SEEN AROUND GOTHAM

Every name listed is contained within the group of letters. Names can be found in a straight line horizontally, vertically, or diagonally. They may be read either forward or backward.

ACE THE BAT-HOUND

ALFRED PENNYWORTH

BARBARA GORDON

BAT-COW

BATGIRL

BATWOMAN

BATMAN

BATWING

BLACK BAT

BLUEBIRD

BRUCE WAYNE

CASSANDRA CAIN

CATWOMAN

DAMIAN

DICK GRAYSON

DUKE THOMAS

HARPER ROW

HUNTRESS

JASON TODD

JIM GORDON

KATE KANE

LUKE FOX

NIGHTWING

ORACLE

ORPHAN

RED HOOD

ROBIN

SELINA KYLE

SIGNAL

SPOILER

STEPHANIE BROWN

TERRY MCGINNIS

TIM DRAKE

TITUS

```
Y S B L O N W O R B E I N A H P E T S C A
O U F B S R D D O T N O S A J T F M G J H
S A J W A W G P B Y P N S Z R E E W N E T
P U Z O M G R M L O Z B E C N R L M I V R
O Z T Q O V U F U R S Z R W O R M K W N O
I K A I H T B L E S Y B T O D Y N A T A W
L H E C T J E R B A R L N R R M I T A M Y
E U K A E N L I I A V A U R O C A E B O N
R K A A K O Y G R W M C H E G G C K C W N
H X R E U D K T D T V K R P A I A A N T E
V O D E D R A A A U N B S R R N R N I A P
D F M N B O N B I Y X A N A A N D E B C D
O E I Y R G I I B A P T I H B I N A O H E
O K T A B M L W U Y J K Q L R S A W R L R
H U C W A I E O D I C K G R A Y S O N X F
D L H E T J S T R O X U F D B P S S X K L
E V T C C R R U Q P C D G A A R A I I V A
R D N U O H T A B E H T E C A M C G J O M
J Y Y R W B A T W O M A N R D Q I N G C B
M W X B R W I B D H Y P N D S X N A W R J
S A G N I W T H G I N S Z M X Y L L N N U
```

Answers on page 188.

WONDER WOMAN

Every word listed is contained within the group of letters. Words can be found in a straight line horizontally, vertically, or diagonally. They may be read either forward or backward.

AMAZON

ARES

BRACELETS

CASSIE SANDSMARK

DIANA PRINCE

DOCTOR POISON

DONNA TROY

ETTA CANDY

GAL GODOT

HIPPOLYTA

INVISIBLE PLANE

JUSTICE LEAGUE

LASSO

LINDA CARTER

PARADISE ISLAND

STEVE TREVOR

THEMYSCIRA

TIARA

WILLIAM MOULTON MARSTON

ZEUS

E H J W B J J T T W W B I J Z E U S U H W
N O T S R A M N O T L U O M M A I L L I W
N E C N K R A M S D N A S E I S S A C H H
O Z E X G D L G H Z U N O B Z M T T Q R E
S I O O Z I A L H Y W W C F L K E W E S N
I K T R U L F V S O P C Z M K G V U T I A
O Z D L G Q L X Q R J F B W A Q E P T A L
P F V O L O I F N T H S E C J D T I A E P
R B D O O N N L H A P C Q S M N R V C U E
O O C Q K T D E D N P D I Q M A E Z A G L
T V K Z A R A I T N A I R C A L V C N A B
C D L B R G C B S O N A I Z N S O M D E I
O M X A I X A I T D L N W N L I R U Y L S
D A R W C Q R M E J H A I O L E J A G E I
W E N L S I T P L W Y P N M B S Z M Y C V
S U V S Y Y E C E V J R U I F I X A U I N
L Q U P M F R U C Z P I E S E D F Z R T I
L A I F E L Z X A T A N I A K A S O W S L
R T S X H E R Z R D W C B N E R F N L U J
M K R S T E G D B U R E J C R A C Z I J O
J V T W O O I M H Q A T Y L O P P I H J N

Answers on page 189.

DC ON TV

Unscramble the names of characters, alter egos, and actors from the live action shows on CW based on DC Comics: "Arrow," "The Flash," "Supergirl," "Legends of Tomorrow," and "Black Lightning." Then find the unscrambled names in the grid. Here's a hint: when the names are unscrambled, they will be in alphabetical order.

Lavenders Ax

Airspace Sine

Bran Really

Clanking Blight

Cart Gnat

Mr Occasion

Scrawls Simile

Cafe Kilo Misty

Grating Stun

Roan Regrew

Harrow Illness

Rise Wits

Jeans Moles

Filler Stork

Cerulean All

Heat Unroll

Aimless On Bites

Eel Quiver On

Uh Reprint

Elephant Elms

Cobra Rev Grit

Helmet Twirl Worn

```
A L E X D A N V E R S A N R P V Q F C
O T N F R O H T U L A N E L J V J T F
S R G E K Y U A K Q C C L R A I T I P
Z R V L E J I P U P D H L E M C D B Y
T W A I C U Q X A I C G A T E T C T W
S E N C B D Q D R A Y T Y N S O R S H
E N I I U L N R M H N K R U O R E O A
W T S T K E A D E A Z W R H L G S R F
S W S Y E L Y C R V O U A P S A S F N
I O A S J F A G K R I U B I E R W R I
R R P M E K T U R L J L U R N B I E T
I T I O G A H A R R I S O N W E L L S
F H E A C C N J S E O G P E O R L L U
E M R K R E Y S E D L S H B A U I I G
K I C G E O A K U I V L V T S N A K T
W L E R K F C A B B D X A H N J M H N
V L G F M E L I S S A B E N O I S T A
Q E T C I S C O R A M O N I C X N D R
O R S T E P H E N A M E L L V E E G G
```

Answers on page 189.

CAPED CRUSADER PORTRAYERS

ACROSS

1. _____ Romeo (sporty car)
5. Midnight fridge visit
9. Taking a vacation day, say
12. Racetrack border
13. Field measure
14. _____ Kilmer, in "Batman Forever"
15. Batman in "Batman Begins"
18. _____ XING (street sign)
19. Reese's "Legally Blonde" role
20. Thin and delicate
24. Meow Mix eater
26. Just sitting around
27. Toot one's own horn
29. Out of vogue
32. Batman in "Batman & Robin"
35. Posed for a picture
36. Actor _____ West
37. _____ and dine
38. Stubborn beast
39. Some saxes
40. Restful resorts
43. Orange seed
45. Batman in "Batman Returns"
52. Take advantage of
53. _____ gin fizz
54. Go it alone
55. Trifling amount
56. Gyro bread
57. Like a dog's sense of smell

DOWN

1. Rainbow shape
2. "Well, _____-di-dah!"
3. Popular Christmas tree
4. _____ Baba
5. Assign a "PG-13" to
6. _____-washed jeans
7. Nest egg, of a sort: abbr.
8. Scout group
9. Presidential office shape
10. World Series season
11. Run for it
16. Maxwell Smart, for one
17. Track wager
20. Fright _____ (costume shop buys)
21. "What's the big _____?"
22. Piggy bank feature
23. The "P" in RPM
24. Hard to fluster
25. Before
27. Twin, king, queen, etc.
28. Classic TV brand
29. "Don't bet _____!"
30. Lantern-jawed Jay
31. Red No. 2 and others
33. Partner of food & lodging
34. Mail bird at Hogwarts
38. Cigar residue
39. King Kong, e.g.
40. X-rated literature
41. Leaning Tower site
42. Got 100 on
43. Novel's essence
44. Swedish home furnishings chain
46. Snake that did Cleopatra in
47. _____ Lilly pharmaceuticals
48. Pop the question
49. Bunion site
50. Soccer stadium chant
51. "Smoking or _____?"

Answers on page 189.

DC COMICS ANAGRAMS

Unscramble the names of characters and organizations from DC Comics.

1. Nab Mat

2. Mean Spur

3. Own Morn Awed

4. Slaw Wetly

5. Ease Juice Glut

6. Gnarl Enter En

7. Satin Tenet

8. Hurtle Lox

9. Ah Rely Qi Nun

10. I Sauced Squid

11. Dear Kids

12. Rat Cur Hurry

13. Ranger Wore

14. Canned Hail

15. Lake Razor

Answers on page 189.

THE FLASH PICKS UP SPEED

Change just one letter on each line to go from the top word to the bottom word. Do not change the order of the letters. You must have a common English word at each step.

SPEED

——————
——————
——————
——————
——————
——————
——————
——————
——————
——————
——————

FLASH

Answers on page 189.

STAR TREK: THE ORIGINAL SERIES

Complete each episode title. Then search for the words you found in the word search grid. Every word listed is contained within the group of letters. Words can be found in a straight line horizontally, vertically, or diagonally. They may be read either forward or backward.

1. The _____ Within

2. _____ Leave

3. Errand of _____

4. The City of the Edge of _____

5. _____ Time

6. Mirror, _____

7. The Trouble with _____

8. Bread and _____

9. Spock's _____

10. For the World Is _____ and I Have Touched the _____

11. The Mark of _____

12. The Cloud _____

```
M A K G T C S R E V E R O F H
B P U L K G A O I S N E Q B O
U Q U A H S H O R E L E A V E
S Y X S B B S E S U C R I C E
E R Q X B T D D E F M Z Y T N
L X M A S N Q G R B E K K M E
B F H X I I B R V B R A S H M
B K C M D H Z Q K X C N W H Y
I L Z A M J J N Q O Y S O W F
R Y M A T R O T I S M P L T R
T K F I J Q B Q W A I A L G H
O W U E R R I D T L R Q O Z G
I U L V F R D N S O N B H I U
R V J J E L O N O E D I G D D
D D O N L N C R C S S F I E J
```

Answers on page 189.

STAR TREK: THE NEXT GENERATION

Every word listed is contained within the group of letters. Words can be found in a straight line horizontally, vertically, or diagonally. They may be read either forward or backward.

ALIENS	MORALS
COMPASSION	PEACE
CONFLICT	PICARD
DATA	PLANETS
ENEMIES	RIKER
ENTERPRISE	SEQUEL
EXPLORING	TECHNOLOGY
FRANCHISE	TROI
FUTURE	WARP SPEED
GEORDI	WORF

```
N  T  I  O  R  T  O  F  G  W  T  L  P  T  S
O  C  C  U  A  E  S  I  R  P  R  E  T  N  E
I  I  P  E  A  C  E  R  S  O  P  U  E  L  P
S  L  L  P  A  N  X  L  I  B  W  Q  N  S  C
S  F  A  H  X  D  B  L  S  K  X  E  E  T  Z
A  N  G  L  F  U  T  U  R  E  E  S  M  E  S
P  O  B  G  I  B  E  X  P  L  O  R  I  N  G
M  C  Z  E  B  E  X  J  I  J  O  Q  E  A  S
O  Y  G  O  L  O  N  H  C  E  T  P  S  L  L
C  Z  L  R  D  F  R  S  A  K  S  M  Y  P  A
V  Q  L  D  R  A  A  O  R  R  T  G  W  K  R
I  L  G  I  N  W  M  Y  D  W  G  F  P  W  O
V  O  N  M  S  D  E  E  P  S  P  R  A  W  M
B  M  A  T  A  D  F  R  A  N  C  H  I  S  E
N  O  J  Y  Q  G  P  B  I  Y  P  Q  Z  H  P
```

Answers on page 190.

STAR TREK: VOYAGER

Every word listed is contained within the group of letters. Words can be found in a straight line horizontally, vertically, or diagonally. They may read either forward or backward.

B'ELANNA TORRES	KES
BADLANDS	KLINGON
CAPTAIN	MAQUIS
CHAKOTAY	NEBULA
CREW	NEELIX
DOCTOR	OFFICER
FEDERATION	SPACE
GALAXY	STARFLEET
HARRY KIM	TOM PARIS
HOLOGRAM	TUVOK
HUMAN	VOYAGER
KATHRYN JANEWAY	VULCAN

```
S  E  R  R  O  T  A  N  N  A  L  E  B  Y  W
P  P  P  I  F  V  C  X  J  B  H  U  M  A  N
T  E  E  L  F  R  A  T  S  Y  R  B  F  W  G
C  M  O  V  I  P  E  X  X  J  S  F  M  E  N
A  I  V  N  C  P  M  A  D  D  U  A  M  N  O
P  K  K  A  E  J  L  T  N  O  Q  T  A  A  I
T  Y  L  C  R  A  A  A  S  U  C  O  R  J  T
A  R  I  L  G  T  L  T  I  C  H  T  G  N  A
I  R  N  U  U  D  U  S  R  H  R  U  O  Y  R
N  A  G  V  A  F  B  K  A  A  E  N  L  R  E
I  H  O  B  C  S  E  X  P  K  G  E  O  H  D
S  K  N  C  P  X  N  K  M  O  A  E  H  T  E
E  J  D  A  R  R  F  E  O  T  Y  L  R  A  F
D  G  C  W  Y  E  S  S  T  A  O  I  S  K  G
X  E  H  D  I  G  W  D  W  Y  V  X  V  B  F
```

Answers on page 190.

Change just one letter on each line to go from the top word to the bottom word. Do not change the order of the letters. You must have a common English word at each step.

STAR

———
———
———
———
———
———
———

TREK

Answers on page 190.

WILL CAPTAIN KIRK REACH HIS SHIP?

Change just one letter on each line to go from the top word to the bottom word. Do not change the order of the letters. You must have a common English word at each step.

KIRK

——————
——————
——————
——————
——————
——————
——————
——————

SHIP

Answers on page 190.

J.J. ABRAMS

Every word listed is contained within the group of letters. Words can be found in a straight line horizontally, vertically, or diagonally. They may be read either forward or backward.

"ALIAS"

"ARMAGEDDON"

BAD ROBOT

"CLOVERFIELD"

COMPOSER

DIRECTOR

EMMY

"FELICITY"

"(The) FORCE AWAKENS"

"FRINGE"

"INTO DARKNESS"

LENS FLARE

"LOST"

MISSION IMPOSSIBLE

STAR TREK FRANCHISE

STAR WARS FRANCHISE

"SUPER 8"

WRITER

```
8  B  A  F  Z  S  S  E  N  K  R  A  D  O  T  N  I  Z  A  J  Y
R  L  N  I  J  K  B  K  L  C  Q  J  I  W  U  L  I  F  Y  K  D
E  C  E  S  T  A  R  T  R  E  K  F  R  A  N  C  H  I  S  E  G
P  H  R  L  W  G  Y  R  R  K  G  A  K  H  Q  X  V  C  G  E  G
U  B  X  F  B  R  F  U  T  P  E  D  P  E  L  E  U  Y  V  S  L
S  Z  Q  F  V  I  I  C  B  I  D  B  F  K  T  P  Z  G  O  I  W
X  K  N  X  I  U  S  T  W  B  L  E  N  S  F  L  A  R  E  H  Q
J  M  O  C  H  P  V  S  E  M  A  V  L  M  P  J  X  T  B  C  S
A  W  W  Z  K  Y  X  R  O  R  C  D  D  L  G  P  A  S  H  N  C
M  K  P  K  M  W  D  E  P  P  F  L  R  E  J  Q  G  T  I  A  M
C  Z  T  M  J  E  H  S  K  F  M  E  S  O  M  K  T  U  K  R  K
T  I  E  Y  Z  N  V  O  J  R  R  I  T  O  B  N  L  G  E  F  R
T  M  J  N  O  O  O  P  U  Z  I  F  N  N  X  O  Y  W  M  S  O
P  Q  G  G  O  D  J  M  D  V  U  R  K  O  U  T  T  A  C  R  T
N  W  T  L  F  D  I  O  R  I  B  E  D  O  I  S  A  I  L  A  C
L  H  H  C  U  E  R  C  N  T  V  V  F  C  T  S  O  M  Y  W  E
X  O  Y  X  U  G  L  W  W  N  X  O  I  R  H  P  S  V  P  R  R
K  H  S  R  Z  A  Z  H  Q  S  K  L  N  S  I  M  U  I  M  A  I
H  A  C  T  U  M  W  K  X  M  E  C  Z  H  G  N  Z  D  M  T  D
H  S  E  U  L  R  P  N  S  F  Q  F  X  B  K  B  G  O  M  S  C
R  S  N  E  K  A  W  A  E  C  R  O  F  H  R  Z  U  E  G  D  C
```

Answers on page 190.

WHERE IT ALL GOT STARTED

Every word listed is contained within the group of letters. Words can be found in a straight line horizontally, vertically, or diagonally. They may be read either forward or backward.

ALDERAAN	MARK HAMILL
ALEC GUINNESS	MILLENNIUM FALCON
BERU	MOS EISLEY
C-3PO	A NEW HOPE
CARRIE FISHER	OBI-WAN KENOBI
CHEWBACCA	OWEN
DARTH VADER	PRINCESS LEIA
DEATH STAR	REBEL SPIES
DROID	R2-D2
GEORGE LUCAS	STAR WARS
GRAND MOFF TARKIN	STORMTROOPERS
HAN SOLO	TATOOINE
HARRISON FORD	WEDGE ANTILLES
LIGHTSABER	X-WING
LUKE SKYWALKER	

```
D  E  A  T  H  S  T  A  R  R  E  B  E  L  S  P  I  E  S  C  I
G  R  A  N  D  M  O  F  F  T  A  R  K  I  N  M  P  G  G  S  O
Y  E  P  O  H  W  E  N  A  Z  M  H  A  H  H  K  D  O  V  S  Y
P  R  I  N  C  E  S  S  L  E  I  A  Q  M  P  V  F  H  M  E  P
O  L  M  B  D  A  R  T  H  V  A  D  E  R  I  U  U  Q  R  N  L
R  L  H  U  R  E  H  S  I  F  E  I  R  R  A  C  V  D  Y  N  K
Y  U  W  A  J  V  X  Z  H  Z  L  T  Y  V  T  V  O  S  K  I  R
F  K  P  A  N  Q  K  Q  E  T  G  E  O  Z  S  B  O  A  U  U  E
S  E  E  M  Q  S  O  B  I  W  A  N  K  A  N  O  B  I  X  G  B
A  S  G  X  T  A  O  W  N  S  C  I  C  H  E  W  B  A  C  C  A
C  K  R  D  G  L  B  L  E  J  G  O  X  S  N  M  X  G  S  E  S
U  Y  T  A  V  D  B  C  O  N  N  O  F  R  B  J  H  E  V  L  T
L  W  C  Y  W  E  S  E  L  L  I  T  N  A  E  G  D  E  W  A  H
E  A  3  C  R  R  I  S  B  R  W  A  L  F  G  B  E  R  U  U  G
G  L  P  A  V  A  A  D  R  Y  X  T  D  D  I  W  B  A  P  D  I
R  K  O  I  U  A  D  T  Z  N  Q  C  I  R  H  2  D  2  R  P  L
O  E  P  Y  A  N  D  S  S  Z  K  J  M  O  S  E  I  S  L  E  Y
E  R  W  N  O  N  O  C  L  A  F  M  U  I  N  N  E  L  L  I  M
G  L  L  I  M  A  H  K  R  A  M  B  E  D  Y  P  S  D  G  M  E
D  N  P  H  G  T  Z  O  C  H  A  R  R  I  S  O  N  F  O  R  D
J  S  T  O  R  M  T  R  O  O  P  E  R  S  J  M  B  P  P  X  M
```

Answers on page 190.

STAR WARS FOR A NEW GENERATION

Every word listed is contained within the group of letters. Words can be found in a straight line horizontally, vertically, or diagonally. They may be read either forward or backward.

AHCH-TO

BB-8

BODHI ROOK

CASSIAN ANDOR

CHEWBACCA

D'QAR

FINN

"THE FORCE AWAKENS"

GALEN ERSO

GENERAL HUX

GENERAL LEIA ORGANA

JAKKU

JYN

KYLO REN

"THE LAST JEDI"

LANDO CALRISSIAN

LUKE SKYWALKER

MAZ KANATA

POE DAMERON

QI'RA

REY

"ROGUE ONE"

ROSE TICO

SABACC

"SOLO"

STARKILLER BASE

SUPREME LEADER SNOKE

```
B H R U B F X R V M E C I Z J G Q O N
I Y Y R S M Q O E Q L O C A E E A R 8
L A A S I X A D J A S N K F S K N C B
P Q J U J N E N L R A K N E A O A T B
D T O J B E L A E U U P W X B N G H L
I S H U F R C N I K G Q S H R S R E A
U H Q O A O E A D R E L P R E R O F N
V K A V S L N I E O N K J E L E A O D
F J P C A Y D S J G E O M K L D I R O
P W N G C K F S T U R O A L I A E C C
C O O G E A V A S E A R Z A K E L E A
C C E O H N B C A O L I K W R L L A L
D O A D C E O W L N H H A Y A E A W R
D N L B A I K T E E U D N K T M R A I
X V N O A M T U H H X O A S S E E K S
M Q K A S S E E T C C B T E Y R N E S
J R A D R G G R S G H X A K O P E N I
Y Y N M F I N N O O Q A E U Q U G S A
P C N R K S Q P K N R K Z L J S X V N
```

Answers on page 191.

STAR WARS

Change just one letter on each line to go from the top word to the bottom word. Do not change the order of the letters. You must have a common English word at each step.

STAR

———
———
———
———
———
———

WARS

USING THE FORCE WITH A LIGHTSABER

Change just one letter on each line to go from the top word to the bottom word. Do not change the order of the letters. You must have a common English word at each step.

FORCE

———
———
———
———
———

SABER

Answers on page 191.

STAR WARS ANAGRAMS

Unscramble the names of characters from Star Wars Legends, also known as the Expanded Universe.

1. Grandma Laird Raw Nth

2. A Mead Jar

3. Mourn Insider

4. Hot Bale

5. Yank Talker

6. Harder Sand

7. Raven

8. Or Nor Ranch

9. Manager Elk

10. Bawl Coca

11. Sealant She

12. Inlaid Thrush

13. A Jail Soon

14. Charade Dust

Answers on page 191.

VIDEO GAMES

Every word listed is contained within the group of letters. Words can be found in a straight line horizontally, vertically, or diagonally. They may be read either forward or backward.

BIOSHOCK	PAC-MAN
CALL OF DUTY	PONG
DONKEY KONG	PORTAL
FINAL FANTASY	SONIC THE HEDGEHOG
FROGGER	SPACE INVADERS
GRAND THEFT AUTO	STARCRAFT
HALF-LIFE	STREET FIGHTER
HALO	SUPER MARIO BROTHERS
THE LEGEND OF ZELDA	TETRIS
MASS EFFECT	WORLD OF WARCRAFT

```
S  I  K  Z  M  E  Q  D  G  N  R  T  E  L  J  T  G  L  S
R  N  H  Z  S  H  Q  S  N  U  X  F  R  G  I  Z  C  V  R
E  S  B  B  T  Q  L  T  O  S  T  A  R  C  R  A  F  T  E
D  S  I  W  J  I  B  R  P  S  G  R  X  A  F  D  D  K  H
A  L  O  R  F  P  E  E  O  O  R  C  C  L  P  L  F  C  T
V  H  M  D  T  Z  H  E  B  N  A  R  K  L  Y  E  I  O  O
N  Z  A  O  E  E  A  T  E  I  N  A  I  O  P  Z  N  H  R
I  N  S  O  U  J  T  F  L  C  D  W  D  F  D  F  A  S  B
E  Q  S  Z  P  Y  D  I  A  T  T  F  O  D  E  O  L  O  O
C  T  E  T  E  Z  Z  G  T  H  H  O  N  U  P  D  F  I  I
A  M  F  V  S  Y  V  H  R  E  E  D  K  T  A  N  A  B  R
P  R  F  J  C  U  A  T  O  H  F  L  E  Y  C  E  N  Z  A
S  X  E  A  Y  L  I  E  P  E  T  R  Y  A  M  G  T  K  M
B  R  C  G  F  L  K  R  A  D  A  O  K  Z  A  E  A  T  R
E  U  T  L  G  T  Q  W  A  G  U  W  O  Y  N  L  S  Q  E
Q  C  I  J  F  O  H  E  D  E  T  T  N  N  B  E  Y  S  P
F  F  F  G  P  A  R  D  J  H  O  L  G  Y  U  H  A  D  U
E  C  A  B  L  W  Q  F  Z  O  Y  N  F  M  J  T  H  T  S
P  T  B  O  L  W  N  X  E  G  X  Y  V  E  X  R  E  R  I
```

Answers on page 191.

RPGS

Every word listed is contained within the group of letters. Words can be found in a straight line horizontally, vertically, or diagonally. They may be read either forward or backward.

7TH SEA	LARP
13TH AGE	LIVE ACTION
ADVENTURE	MMORPGS
ATTRIBUTE	MUDS
CALL OF CTHULHU	MUNCHKIN
CAMPAIGN	NATURAL ROLL
CHARACTER SHEET	NPC
DRAGON AGE	SHADOWRUN
DICE	SKYRIM
DUNGEONS & DRAGONS	TABLETOP
D20	TOURNAMENT
GAMEMASTER	VAMPIRE: THE MASQUERADE
GURPS	WARHAMMER

```
E  V  A  M  P  I  R  E  T  H  E  M  A  S  Q  U  E  R  A  D  E
G  D  B  E  C  E  S  G  S  I  P  V  T  M  O  D  Q  I  G  M  D
A  Y  E  H  Y  O  V  G  Z  X  G  M  U  N  C  H  K  I  N  U  I
N  P  W  E  I  O  P  U  L  L  O  R  L  A  R  U  T  A  N  U  A
O  B  L  D  I  R  X  A  S  R  N  J  J  J  R  I  Z  G  U  H  N
G  A  I  V  O  E  K  V  L  V  U  S  X  H  W  G  E  F  T  L  O
A  T  Y  M  B  S  K  Y  R  I  M  F  L  H  T  O  T  N  E  U  I
R  T  M  K  T  O  U  R  N  A  M  E  N  T  N  G  Z  L  R  H  T
D  R  R  J  R  L  A  S  P  R  U  G  N  S  S  C  H  A  U  T  C
E  I  E  R  I  R  W  E  X  E  S  C  D  G  P  U  D  S  T  C  A
N  B  M  Y  F  E  P  L  S  Q  B  R  H  O  I  B  Z  T  N  F  E
U  U  M  I  F  T  U  K  S  H  A  U  T  1  Q  A  F  G  E  O  V
R  T  A  R  Q  S  K  O  V  G  T  E  R  N  3  F  P  X  V  L  I
W  E  H  V  G  A  S  D  O  N  L  7  J  L  R  T  N  M  D  L  L
O  S  R  Z  D  M  C  N  K  B  E  E  M  A  I  H  H  L  A  A  S
D  W  A  U  M  E  S  E  A  E  X  W  Q  R  L  I  B  A  M  C  A
A  J  W  N  G  M  P  T  D  P  Y  Z  R  P  D  V  F  W  G  B  W
H  I  D  T  V  A  C  L  D  A  S  D  N  P  C  M  X  D  Y  E  B
S  H  F  F  H  G  R  A  I  N  G  W  2  E  P  U  J  V  F  F  F
X  C  J  T  R  B  V  Q  C  F  A  R  F  0  T  D  C  U  E  U  L
N  C  H  A  R  A  C  T  E  R  S  H  E  E  T  S  U  E  A  T  Q
```

Answers on page 191.

MAGIC: THE GATHERING

Every word listed is contained within the group of letters. Words can be found in a straight line horizontally, vertically, or diagonally. They may be read either forward or backward.

ARABIAN NIGHTS

ARTIFACTS

COLORS

CREATURE

DECK

ENCHANTMENTS

EXPANSION SETS

GRAVEYARD

INSTANTS

LANDS

LIFE POINTS

MANA

ORIGINS AWARD

PARODY EXPANSIONS

PLANESWALKERS

RICHARD GARFIELD

SORCERIES

SPELLS

TOURNAMENT

TRADING CARD

WIZARDS OF THE COAST

```
D R A W A S N I G I R O L N F W T B U
S N O I S N A P X E Y D O R A P I E U
Y T P D T O Z L P S A O F V E N X N S
Q S N N H X G A U B B B X G S P C F T
I A D R G I S N P I J O T T A N F S N
L O L V I O M E Z K R G A N N R L T E
X C E Q N A B S P F U N S B T F S N M
A E I F N R L W L D T I K X R T L I T
N H F A A S W A X S O X P N A O L O N
C T R G I H D L L N Q X S R D U E P A
R F A R B X D K S E G B T R I R P E H
E O G A A G I E C M A I N T N N S F C
A S D V R D T R H F F H C H G A V I N
T D R E A S F S Q A T Q H A C M H L E
U R A Y N H M P C O L O R S A E Y L G
R A H A D I H T X J V E L O R N X T U
E Z C R K E S O P K O A Y Q D T D Z G
O I I D D L C T W K N B Q D Z V A A Y
U W R S M E U K S O R C E R I E S N A
```

Answers on page 191.

IN THE DRAMA CLUB

Every word listed is contained within the group of letters. Words can be found in a straight line horizontally, vertically, or diagonally. They may be read either forward or backward.

ACOUSTICS

ACTOR-PROOF

ACTRESS

ACT WARNING

AD LIB

APRON

CURTAINS

DRAMATURG

GEORGE SPELVIN

LASH LINE

MIC

PLACES

PLAYBILL

RUNNERS

SCENE SHOP

SETS

TECH REHEARSAL

THUNDER SHEET

UNDERSTUDY

WARDROBE

```
Z T J T X Z E Y C U R T A I N S L V S
N U G U A C T R E S S L A S H L I N E
O O K N F H K G Q D L P B E P H J H J
R U N S I S E C A L P M D B I L D A G
P U S A C N X C E L W S R E N N U R C
A G Y C O I R K S V P I A V C W M P T
H Y T T E E T A T J M L M A B M H Q B
E A U O M N G S W I C U A L F N H E K
A B Z R O E E Z U T E B T Y M G E O T
Z P O P C X Y S D O C A U O B E F H L
F B K R T Y J D H M C A R F B I M U L
B W P O D B R W U O X A G W W X L M R
F D B O V R K P K T P Y F F C E P L M
K H A F G T A Y L U S G K K O R N L B
Y B E R E P W W J B N R V V D R L K S
A C L Q V Q T T H U N D E R S H E E T
T E C H R E H E A R S A L D K T T C F
G E O R G E S P E L V I N F N S D E T
C I M V E Z R L K V Q X S Z G U V X X
```

Answers on page 192.

CHESS

Every word listed is contained within the group of letters. Words can be found in a straight line horizontally, vertically, or diagonally. They may be read either forward or backward.

ADJOURNMENT	KNIGHT
ADJUDICATION	QUEEN
ANATOLY KARPOV	MAGNUS CARLSEN
ATTACK	MODERN DEFENCE
BASIC ENDINGS	NOTATION
BISHOP	PAWN
BLOCKADE	ROOK
CASTLING	SACRIFICE
CHECKMATE	SIEGBERT TARRASCH
COMBINATION	SICILIAN DEFENSE
FIANCHETTO	TREBUCHET
GAMBIT	VISWANATHAN ANAND
GARRY KASPAROV	WILHELM STEINITZ
J'ADOUBE	YIFAN HOU
KING	ZUGZWANG

```
V I S W A N A T H A N A N A N D S O B F I
H C S A R R A T T R E B G E I S A B C L Z
V E K K E S N E F E D N A I L I C I S Z T
O A I C O Y Q X I D A Q S O R P R A Q U I
P M N A O T N R K C K H Y U C Y I T E G N
R A G T D M T N Y Y C U O H N A F I Y Z I
A G G T B J B E B H O O E O G O I E H W E
K N W A P A O I H F L T W C U G C B G A T
Y U B C D R S U N C B C T Z R G E U M N S
L S M V A J B I R A N X H Q N T S O M G M
O C S C K S U S C N T A N E J V I D W I L
T A Q T O I T D J E M I I T C Y S A Z I E
A R H F O C X L I I N E O F G K C J T C H
N L E K R V R X I C D D N N K N M R D U L
A S C G J V C W O N A X I T N D L A Q C I
R E T I B M A G Q Q G T W N T C W W T Y W
F N M N A C G Z P R G G I O G M M E F E C
M O D E R N D E F E N C E O V S B I L Q F
X K Y T H G I N K X R Y R F N H Q U E E N
G A R R Y K A S P A R O V W P O H S I B S
H E H Z N O I T A T O N T R E B U C H E T
```

Answers on page 192.

MINECRAFT

Every word listed is contained within the group of letters. Words can be found in a straight line horizontally, vertically, or diagonally. They may be read either forward or backward.

ADVENTURE

CRAFT

CREATIVE

CREEPER

ENDER DRAGON

ENDERMAN

HARDCORE

MARKUS PERRSON

MICROSOFT

MINECON

MOBS

MOJANG

MULTIPLAYER

NETHER

SANDBOX

SPECTATOR

SURVIVAL

W K E M M W R P O T Z P E X Q A H
L H N N O U M E U L A V I V R U S
I D L E D J L X R I E W N G B L Z
J C T R J E A T T O A N E T H E R
N R F U D U R N I P C T H N X Q P
O E O T S M F D G P P D T H P N H
S A S N Y A E J R O L M R D X S R
R T O E L N N D H A S A I A E P Y
R I R V E O W D E K G V Y X H E R
E V C D J C E S B E H O D E G C E
P E I A M E N L F O V S N G R T P
S N M O O N D D L F X V J I K A E
U Z D R B I E J L G B C Z Y K T E
K J L G S M R Z C R A F T V T O R
R X Y I Z G M E W D F J F P B R C
A L Y I L H A O X T B U D R N L D
M Z I E S L N F B O H D E Z O O E

Answers on page 192.

CODES AND CIPHERS

Every word listed is contained within the group of letters. Words can be found in a straight line horizontally, vertically, or diagonally. They may be read either forward or backward.

ALGORITHM

BLOCK

CAESAR SHIFT

CODE

CIPHERTEXT

CRYPTANALYST

CRYPTOGRAM

DECRYPTION

ENCRYPTION

HIDDEN

KEY

PLAINTEXT

STREAM

SUBSTITUTION

TRANSPOSITION

VIGENÈRE

```
S U B S T I T U T I O N F P N
G I C R Y P T A N A L Y S T O
C N I R U Y O J N K C Q Q N I
A O P Z E B Q E F S C V Q Z T
E I H K D L C Z T M N O P W P
S T E M Q R B R H M U L L U Y
A I R N G V E T A P A X H B R
R S T H C A I R H I D D E N C
S O E X M R G G N L J R N L E
H P X Q O O Y T E B U U S Z D
I S T G T F E P S N P Q M C C
F N L P H X Q N T L È M K O P
T A Y Q T B N Q E I T R D X G
J R M L A J C Z U S O E E Z G
C T A Z U M X D Q P M N B E L
```

Answers on page 192.

ANSWERS

Things to Get Geeky About (An Incomplete List) (pages 4–5)

```
H I S T O R I C A L R E E N A C T M E N T K O
F U E T I E C A P S H E L L O K I T T Y L V T
K C K L I N G O N C H R I S T M A S C A R O L
Y D C Q P Q S H E Q T U E F S H E R S O E T I
I A S Y J R L I N U X B R G D C K M I J L J C
Q R R T D X A R V S B I I N P B F I O P P O
E E E R A F Q H T T R K A I V B L T R I H B H
R M B A E S N N T M E S F M Z F I O H M C A
O A A P Z T T E B B W C N A A M G C Z B B K R
L C S N O E A R G L I U E G M A T N T O O S R
E R T A M T J E O F N B R C M Z M I A W E R Y
P L H L M R I Q H N G E L I U K L R S M E A P
L S G I Z I J K S T O N T E E L D A E Z B F O
A D I N O S C T L L Y M O D N G Y M L Q Z P T
Y A L P S O C G R E W T Y C A A G X C H X N T
I E G S J E J Z M P D U I M C A S T J C K V E
N F I L M C A M E R A O E N A I H A L E G O R
G E O C A C H I N G R S M F U W M G L X H Z E
G R I R R O L L E R D E R B Y M C O D I N G O
A S E T T L E R S O F C A T A N M Z C Y P S D
M F F W O E P V N O H T Y P Y T N O M H H E K
E T R I V I A N I G H T S K G E S Z C G M F D
R U B E G O L D B E R G M A C H I N E S H Y Q
```

Love Being a Geek? (page 6)

Answers may vary. GEEK, seek, sees, sets, lets, lots, loss, lose, LOVE

Rubik's Cube (page 6)

Answers may vary. CUBE, cure, care, came, SAME

Pokémon (page 7)

1. Blaziken; 2. Charizard; 3. Decidueye; 4. Garchomp; 5. Gengar; 6. Greninja; 7. Gyarados; 8. Jigglypuff; 9. Lugia; 10. Mew; 11. Mewtwo; 12. Mimikyu; 13. MissingNo; 14. Rayquaza; 15. Pikachu; 16. Sharpedo; 17. Squirtle; 18. Suicune; 19. Wobbuffet; 20. Zygarde

Anime and Manga (pages 8–9)

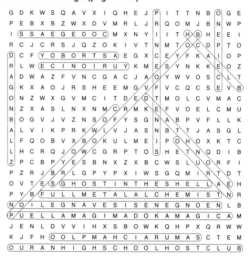

M_y_z_k_ F_lms (page 10)

1. "Castle in the Sky"; 2, "House-hunting"; 3. "Howl's Moving Castle"; 4. "Kiki's Delivery Service"; 5. "Koro's Big Day Out"; 6. "Mei and the Kittenbus"; 7. "My Neighbor Totoro"; 8. "Nausicaä of the Valley of the Wind"; 9. "Ponyo"; 10. "Porco Rosso"; 11. "Princess Mononoke"; 12. "Spirited Away"; 13. "The Castle of Cagliostro"; 14. "The Wind Rises"

_v_t_r: Th_ L_st _ _rb_nd_r (page 11)

1. Aang; 2. Air Nomads; 3. Appa; 4. Asami Sato; 5. Avatar State; 6. Azula; 7. Ba Sing Se; 8. Bender; 9. Bolin; 10. Earth Kingdom; 11. Fire Nation; 12. Iroh; 13. Katara; 14. Korra; 15. Lin Beifong; 16. Mako; 17. Republic City; 18. Sokka; 19. Sozin; 20. Tenzin; 21. Tonraq; 22. Toph Beifong; 23. Ulalaq; 24. Water Tribe; 25. Zhao; 26. Zuko

K-Drama (pages 12–13)

Welcome to Night Vale (pages 14–15)

Frankenstein (pages 16–17)

accomplishment; instruments; pattered; creature; catastrophe; proportion; arteries; complexion; accidents; infusing; moderation; traversing

The War of the Worlds (pages 18–19)

nineteenth; intelligences; scrutinised; microscope; complacency; space; improbable; departed; terrestrial; enterprise; perish; envious; disillusionment

A Journey to the Center of the Earth (pages 20–21)
learned; affection; lectures; mineralogy; anxiety; geology; specimen; bottles; classify; fusibility; corresponded; scientific; communication

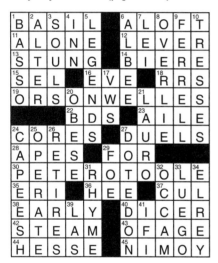

They Played Sherlock (pages 22–23)

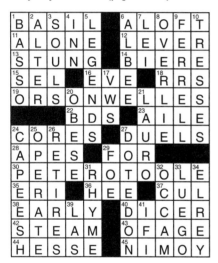

For Stage and Screen (pages 24–25)

Famous First Lines (page 26)
1. C; 2. D; 3. A; 4. B. 5. E

Sidekicks Unite (page 27)
SIDE, sine, sink, sick, KICK

Arthur Dent on a Ship (page 27)
Answers may vary. DENT, sent, send, sand, said, slid, slip, SHIP

The Hitchhiker's Guide to the Galaxy (pages 28–29)
1. Arthur; 2. Ford; 3. Gargle; 4. Adams; 5. Beeblebrox; 6. Restaurant; Universe; 7. Everything; 8. Fish; 9. Harmless; 10. Gold; 11. Paranoid; 12. Trillian; 13. Slartibartfast; 14. Vogons

Shrouded Summary (pages 30–31)

During Dresden bombing, Second World War prisoner encounters aliens, inheriting time jumping experience where his past, present, and future appear randomly. "Slaughterhouse-Five" by Kurt Vonnegut

```
G N I R U D A O E V K W N K L F I E
V C R O R U R C R P E Z L S W S L I
I N E E E R O E Y T D R N I I R D G
H A S E K I E S S O M R P A N S V N
J S O U I M L E W D L T I E D N T E
R O H L A F I C I A E N S O I R O R
L A N R M O B O M B I N G N I W H R
S E O O X Z L N T P A R I T U H C N
I D I W O R L D A W H L B E D S E H
R I A J E R A N O I N A L I U T E N
P R I S O N E R T A E S B J S T R W
T N T O E U C P I L O T Y T I D P S
S W G C H T P O M I L B O H M I B O
N T Y C H A D V U E B V O C C O M C
T N I G N P E R E N A Q P A E W R A
P L T I E J N T S T C O U H C R A
O T D D E T N U I N H E R I T I N G
R A N Y L F T E M R S E R C T P Y A
M B G A D E R W E P A P P S I O L I
V E R T P A R H E H I N G E O I M A
R O P F E X P E R I E N C E E F O T
P L M A L A I R E S N L G D E F D E
A E D O S N S E E R A F N R I P N R
B E L T S T P O A S T I E I N L A N
G I U T U F U T U R E A P P E A R N
E N I E N S O S K S T N A R A M D B
O I F R C N A B H I T D T O D I E O
```

Ready Player One (pages 32–33)

1. Ernest Cline; 2. Wade Watts; 3. Oasis; 4. James Halliday; 5. Oklahoma City; 6. Parzival; 7. Joust; 8. Ogden Morrow; 9. Helen Harris; 10. Samantha; 11. Steven Spielberg; 12. Tye Sheridan

```
Y T D U R P U P C W V S T Y E I Z
T Y R A I E K C W A D E W A T T S
I E U P J F O Z F R F X T D S W N
C S N O A E Z Z S C T V L I A J G
A H Z I G D K R T I F L K L H F Q
M E T O D Z X M E L S L T X S
O R P N G C E O A U S Q K A N H L
H I A I U W T N V I A X M H A E E
A D P F A H X S M Z X Q E S M L Y
L A V I Z R A P E O S O Q E A E P
K N L T B B V A H N R J F M S N D
O J P A R F S H U R R F A H H P
B Z F H O F G X Z I N E O J V A U
L J K H S A Y G J Y Z F L W O R J
H Z J U K C S U V F J O U S T R A
G N W B T P T N M L Q K D R I K
G R E B L E I P S N E V E T S S Q
```

Writers of Science Fiction and Speculative Fiction (page 34)

1. Isaac Asimov; 2. Arthur C. Clarke; 3. Ursula K. LeGuin; 4. Octavia Butler; 5. Samuel Delaney; 6. Robert Heinlein; 7. Philip K. Dick; 8. William Gibson; 9. Douglas Adams; 10. Andre Norton; 11. Connie Willis; 12. C.J. Cherryh; 13. Lois McMaster Bujold; 14. Nancy Kress; 15. Ray Bradbury; 16. Neal Stephenson; 17. John Scalzi; 18. Ann Leckie; 19. Nnedi Okorafor; 20. James Tiptree Jr.

Writers of Fantasy and Speculative Fiction (page 35)

1. J.R.R. Tolkein; 2. George R.R. Martin; 3. J.K. Rowling; 4. N.K. Jemisin; 5. Nalo Hopkinson; 6. Neil Gaiman; 7. Terry Pratchett; 8. Patrick Rothfuss; 9. Philip Pullman; 10. Diana Wynne Jones; 11. Patricia McKillip; 12. Lev Grossman; 13. Jim Butcher; 14. Catherynne Valentine; 15. C.S. Lewis; 16. Garth Nix; 17. Susanna Clarke; 18. Robin McKinley; 19. Tamora Pierce; 20. Robin Hobb

Elf vs. Orc (page 36)

Answers may vary. ELF, elk, ilk, ill, all, ale, are, arc, ORC

Taking the Ring to Mount Doom (page 36)

Answers may vary. RING, king, kind, bind, bond, bold, bolt, boot, boom, DOOM

Finding the One Ring (page 37)

```
R G R I I O O O O I N R N I I
I G O G O O G N O N N O R N N
N I R E G O I I N R I N E G R
O I N G O R N G N N E N I I G
O N N E E N N R O N I N N
E N G O I N G E E N G E I N N
I N N E N O E E O I N N N I N
E R E N G G O G N N R G R I E
O G O N O N N G E E E I O R N
O E N I I E N O N I E N R E N
O G R N R I I N O N R G I N E
I E G G R N R G O O O O R N
E N O E I E E I G N N O R E N
N O N E E O N G R R O E N N R
O O O I I I N N R O R N I N R G
```

Terry Pratchett's Discworld (pages 38–39)

```
K F U L H A V E L O C K V E T I N A R I Z
A Q P U F G C P A N A X V N Q J L E S C N
G A B Q G U M T K U E W A T Y V A S F M B
N O B B Y N O B B S G H E G W B D E G O V
B G Y K G S T C D I P N G G I I T E R I L
D D K J T E T O L E Y O A O Z N Z H A S O
S E R K I E O H L F G A G Y A K B C N T U
U C I R L N B E V D N I G N R Y E X N V H
W I N O E U E N V X I D U N D R B P Y O J
L T C P H N L T E X H H L A C I X J W N R
P Y E R O I T H R J C J M N W P B K E L D
V W W O T V T E E Z A K A H M I K Q A I A
B A I M S E I B N W Y L X U Y C D F T M P
S T N H N R L A C I N H U N L E E E H W N
A C D K A S Y R E T A O H K L N G K E I I
M H J N S I R B T C F A M T U T A R R G S
V U P A U T E A V H F O R Z C N H K W D N
I P S X S Y E R M E I U V J D E M R A A I
M L I N T I H I E S T I E I H Y L X J T
E L G E E F C A M C A N C A R R O T G Q T
S N R W R L M N M A G R A T G A R L I C K
```

Do You Believe in Magic? (pages 40–41)

Leftover letters spell: It's an Old English word for bumblebee.

```
W T E L B O G D R A G O N
I A C T P V K A O L C D A
H R N S H O A N N O E E B
C E I D O L L D W M E A A
T L R N E D L L E P S T K
I W P M N E S N A P E H Z
D O D E I M T G S L R L A
D H O L X O M A L F O Y U
I I O G R R N S E H D H N
U W L G O T D E Y R E A T
Q D B U W I Z A R D L L M
S F F M R A H C W O B L A
O C L G R B R I U B M O R
M M A G I C G T B B U W G
L H H R E B E E S Y D S E
```

Language Geeks Unite (pages 42–43)

```
P S Y C H I A T R Y P P G T R
R R V Y V G S Y C O P H A N T
O N O O L L A H S R A T O O N
S F Y P A R E H T P N M D N A
P M X S I Z T H U A U O M L I
I M E Q P T Y R S I N L A N C
C U P D W R I S R T J T C H U
I E S Z Y M I A A T B I E W O
E C U V M O T L T R S L R T S
N Y R O R I G Y X O F W A S N
C L A C N I L V R C R H T I I
E N H A A Y R I B H A Y E B Y
X G S M P Z M K E E C Z E M A
S O U B R E T T E U A C S A R
M Q G L A D I O L U S V Q C X
```

Austen Adaptations (pages 44–45)

1. Aishwarya Rai; 2. Naveen Andrews; 3. Matthew Macfadyen; 4. Rosamund Pike; 5. Jennifer Ehle; 6. David Bamber; 7. Alex Kingston; 8. Laurence Olivier; 9. Ang Lee; 10. Emma Thompson; 11. Jeremy Thompson; 12. Gwyneth Paltrow; 13. Donald Faison; 14. Jeremy Sisto; 15. Amanda Root; 16. Ciarán Hinds; 17. Kate Beckinsale; 18. Felicity Jones; 19. Billie Piper; 20. Jonny Lee Miller

```
R E B M A B D I V A D R S H H J U N Y
E L A S N I K C E B E T A K J E X O F
G W Y N E T H P A L T R O W B N O S E
A I S H W A R Y A R A I G D H N X P L
A L E X K I N G S T O N O I V I N M I
B Y V H R R N W T W E T K J S F K O C
Q S S K Z U F P I P Y I E V Q E V H I
O M E K I P D N U M A S O R H R F T T
T B Y N O S P M O H T Y M E R E J A Y
S O S D N I H N A R A I C L W H C M J
I J O N N Y L E E M I L L E R L Z M O
S W E R D N A N E E V A N H R E V E N
Y C C L A U R E N C E O L I V I E R E
M U W T V D Z Y A P T R N B U L I J S
E W F U P B N D O N A L D F A I S O N
R S Q X D B R A T E G F N B C U S V L
E Y E A N T N M Z W K W L B M F M
J C N E Y D A F C A M W E H T T A M R
X J R E P I P E I L L I B E P A O D C
```

Dracula (pages 46–47)
Leftover letters spell: "Count, your chickens."

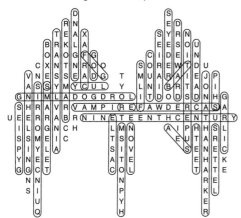

Buffy the Vampire Slayer (pages 48–49)

Angel (pages 50–51)

Firefly (pages 52–53)
1. Serenity; 2. The Train Job; 3. Bushwhacked; 4. Shindig;
5. Safe; 6. Our Mrs. Reynolds; 7. Jaynestown; 8. Out of Gas;
9. Ariel; 10. War Stories; 11. Trash; 12. The Message; 13. Heart
of Gold; 14. Objects in Space

Starships (page 54)
Answers may vary. SHIP, skip, skin, spin, span, spar, STAR

Stargate (page 54)
Answers may vary. STAR, stag, saag, sang, sane, sate, GATE

Tom Baker's Scarf (page 55)
Answers may vary. BAKER, bakes, bales, balls, bells, sells,
seals, sears, stars, stare, scare, SCARF

Dr. Who (pages 56–57)

```
N N A G C M D Y E R F I L L A G
G P Q N X A D L I V E X E O S H
C A P A L D I A N M M B H Y I S
U I S E G G O V P P W Y O D I I
Q Y K M B I T E J I R K D C R T
N S R E T S N O M D S J C C A I
N G Z R E K A B N I L O C M T R
E T T L L E N T R A H N N C R B
M L C A D O N T R O U G H T O N
R C L T I M E L O R D A M I H C
E P E W R O T C O D E H T T O C
B E V T O M B A K E R G I M A L
Y R A B I W R I Y R S M P C G A
C T R B C T F R E T S A M E H T
L W T C Y Y N U U T N G S Z R B
R E G E N E R A T I O N L M X D
I E V B Q U K A O M A C H I N E
T Q K C K G M N S P I N O F F S
```

TARDIS Travelers (pages 58–59)

Amy Pond; Ben Jackson; Bill Potts; Clara Oswald; Donna Noble; Grace Holloway; Harry Sullivan; Jack Harkness; Jo Grant; Liz Shaw; Martha Jones; Mickey Smith; Peri Brown; River Song; Rory Williams; Rose Tyler; Sarah Jane Smith; Susan Foreman; Tegan Jovanka; Yasmin Khan; Zoe Heriot

```
U T N N S I L I Z S H A W G O I F
J D A P E R Y R P E R I B R O W N
O K M D J O I Y O W Y W M A T D V
G A E S X R A S D S Z S I C O L I
R K R A F Y D S O E T Z E I A K R
A N O R M W R E N N N T N H R W R
N A F A M I I N N O A O Y O E S H
T V N H I L V K A J H P C L H O B
C O A J C L E R N A K L F L E A E
A J S A K I R A O H N L W O O R N
M N U N E A S H B T I I E W Z A J
Y A S E Y M O K L R M B K A L L A
P G W S S S N C E A S C W Y X C C
O E J M M J G A Y M A W R V F T K
N T F I I Z H J O S Y O V A N Y S
D C Z T T L V T R K H N S V U O R
M V R H H A R R Y S U L L I V A N
```

AIs, Androids, Cyborgs, and Robots (pages 60–61)

```
K S T N A C I L P E R B L M V A S I Q
M T H C L J H Q H L B Z E X J S N U B
W G G W R V U S K S T O B O T U A E J
T R O G Z B S V M I U H H L P F N W L
W O L E A V I O H D E Z Y I B D A Q A
X U K Y B G V N D Z S E K H E V W S X
G F M A E W R J S A B D T R I U N X E
T A L O C D A H Y Y L H K L Y O O L W
X T A T A D J F O Q E G O B C J L F Q
U O N C N B U T A L O Z I S A B N T
R X Q A G B O Z E L E Y T F W Y M F D
Z J Y D R R U E T P S S W H U L R
L O H C T G M P N G E E N H O Q Y U V
V J X S D I N A M C Y M V S K Y N E T
P I A W N Y D O E W A X A H U G F N Q
M Y Z A C R V D R R S S T X S T K L V
O W T X F U H Z V I P W N V R Z A A Q
N O R T L U C I Y U T A G A M H D H E
R Y M I A B N L E K O C F L J B J F W
```

Quantum Leap (pages 62–63)

```
T S T O C K W E L L D S A R L
N H I I E Y G G I Z A R L O N J
E R O T A R R A N E E M C T J
S E S T R A P P E D Q X A A E
E U X E T S A P N E Q S L R Y
R A L P J E N A V Y C J A E R O
P U L C E Z K H U I D D V L O T
L A C U I R I C E H M J I E T S
R Y E U K C I N E I D U C C S I
O E E L F A T M R B K M C C A H
T Z O H O I B A E L M P I A H
C W O H S T L U C N G A G R Y
O V Q T Y W U V H Q T T S M E
D K V L T I M E T R A V E L R
R H O L O G R A M U T N A U Q
```

Orphan Black (pages 64–65)

```
D Y A D I N S T I T U T E A F A S
H T U O D Z P P X I L E F P N J R
Y N S U R V E I L L A N C E V G E
P E U C A G A U K B Q Z L P H E T
C M E I P R O L E T H E A N S N S
I E N G N I N N A M H A R A S E I
O C I R J Z E H C S Y F Z C T T S
B N H O A R F K G C A G R S R I T
E A P N B C A A A Y M F R O C C B
T H L I F T H R V P E O T H G S W
H N E I J W I E N P T I A L V W H
L E D A S P P O L S N M X Q L C V
L D H Y S O I J A O M J Q X R Q W
E Y S N M T N C M I L I T A R Y E
B Q O B U C H B B C A M E R I C A
T C A L D O N N I E J S I I F A L
R L O A R S B M H R E L L I R H T
A E J C U I B R A R Z B Z I B G Y
N A K K O M Y S K S Z R K W Y D I
Z Y P B K A O S S E N O L C R K M
```

Babylon 5 (pages 68–69)

```
S V I R C O T T O L H S W M B E
R M U N I Z P J D F Y H L A P Z
I U O B V R J E J S P E C I E S
I G C L I H N A L A R T U E N
O B H K L Q V P Y C K I S V N O
B O U A I A N A J C E D F D I L
O B U E Z P R X N V B A X R X Y
H Z I E A R V I O O T N U G L B
C U I G T W E R L Q V A W A F A
A E M K I E L I F K T A M R R B
L N M A O O R K N A N B N I A E
L I R N U H R E N A T N B N X
I R N S S S M C I S E G E A K C
E N B K O I L S T A L L L L X
S P A C E S T A T I O N E D I R
F G R J I T D A J W N R D I N V
L D I P L O M A C Y Q T Y E L P
F O G W R F E D E R A T I O N G
```

Sci-Fi Anagrams (pages 66–67)

Dark Matter; Farscape; Fringe; Firefly; The Flash;
The X-Files; Black Mirror; Quantum Leap; Lost in
Space; Dark Skies; Heroes; Sliders; Falling Skies;
Roswell; Stargate; The Outer Limits; Westworld

```
Q W J G H D A R K S K I E S W
A T H E O U T E R L I M I T S
R O S W E L L X S L I D E R S
T Z B L A C K M I R R O R Y F
H G P W E S T W O R L D L A A
E C A P S N I T S O L F L Q R
X X E S E O R E H A E L U A S
F S L B W U U W G R I B V P C
I R M N R F C M I N E Q H P A
L Z U U R G W F G S H M X Z P
E Q T I Z J N S R V R D O Z E
S P N D A R K M A T T E R E D
G G A V Z I F G D F A N E K R
Y E U D E S T A R G A T E L E
J C Q S H S A L F E H T B R W
```

Battlestar Galactica (pages 70–71)

```
B O X E Y N F S P I N O F F T H R
F X K J O L C B W A K D L N B G X
X S U I I P A T H E N A A V K T J
X W T G M A N K I N D N I F B E F
J C H H C Y L O N S E R N A A N G
A T O E C A P S D T S N O Y T A O
L O B O K G B S U A R L L A T L O
Q M H T R A E E U R E J O T L P B
T E M E F G I I A B V O C O E E R
D M E E R L C N Y U I K P N S A S
E P G L A E O O I C N A A D T F E
N I A F N N M L R K U M M L A C I
I R L E C A M O Y T D K A R R E I
G E A V H L A C C T W B D P H E E
A B C I I A N E A U Y H A S M G S
M N T T S R D V P I M Q C O M B I
I N I I E S E L T B C I O F E G N
E V C G S O R E A A F B Q Z L C I
R J A U Y N J W I I O T Z I W L M
D F P F M F W T N O S J B I V F G
```

The Twilight Zone (pages 72–73)

```
P A R A N O R M A L G N W P Z H H
R L N S A L K Q P T S O X S R G R
G F A U L P G Q F R M I Q Y W F Z
S U R P R I S E O O T S T C T C G
T T R E E Y W T R R G N O H L A N
R U A R P T C A X R S E T O Z P I
A R T N I A L S B O T M S L Z G N
N E O A S S X R Z H M I R O S F E
G Y R T O T D E Q O N D E G P E P
E H T U D N J D T G N S S I O F O
G L A R E E S A W Y I E O C N I T
T N X A X V L V I U G I P A S L O
V S I L W E F N L C U R M L O D S
A H E D R A X I I Y N E O D R O E
J O N U N E X E G F U S C H H O R
M S R T G E P H H E S T A R W G V
Q T A H J A I T T T U W M D D A E
L S Y G O L O H T N A J A Q W S M
Y E U G O L O N O M L S R B B T A
G N I L R E T S D O R L D J P I N
```

The X-Files (pages 74–75)

```
M M K B T D O J E T S T P R E H C
Y R C M U L D E R N C R U E T D N
S D I Z J W O D I E O D R T A E P
T C R Y S P C U D M N Y E R G N Y
E K T K N B T C E N S U V A I I L
R Q A D E L O H I R P S O C T A L
Y Q P T I M R O N E I E C S S L U
G I S H L Z B V J V R C J I E P C
E W J S A U A N E O A R I R V X S
N A O X A X C Y X G C E C H N E A
O T J K C M H D A P Y T E C I N N
O W A L T E R S K I N N E R F U A
N J H G A G E N T S S C Y I Z O D
T R E V E I L E B T C E M F L L X
S M O K I N G M A N R I L B T S Y
U N S O L V E D K T N U T I C Z Y
R P J O H N D O G G E T T P F J F
T H E O R I E S X H K D L H E X M
T G C T S G P H E N O M E N A K O
N O S R E D N A P I L E G G I L S
```

Fringe (pages 76–77)

```
G T N Q Y M U R E V R E S B O N B
O E W P S L J L A P Y E M J F T H
Q L K O J L D D V L G S A Q X R M
A E I J I B F D S T D R R J P E X
N P A V L I N C O L N Q B P O T D
F O O Q I R C B S I C N A R F F I
Y R A P N A B N U P C B J Q U I R
O T I O Z O D W N N E Q J L T H T
G H G N S Y I U P A T T E R N S S
H F E T G W R S N F I Z E B E E A
H O O J C E B J I H E K A R M P N
A N N A T O R V K V A W B O I A O
F Y X L O K S P Y X I M H Y R H B
A R A Y C V A G E N T D N L E S L
T W P T V R L A B B F D M E P R E
H N I N A S H A R P R O A S X V G
E F A L T E R N A T E S X T E C H
R N L C I M A N Y D E V I S S A M
L E C N E I C S A W N O S K C A J
L N F C O R T E X I P H A N Y X A
```

Northern Exposure (pages 78–79)

```
Y E C L Q Y P A N U N B F N G
T M T I G N I H G U O R R V A
I A C G S G A H N O O T J K I
T G T S J U D A I S M U S L R
N G M K S K M D T J V A T C P
E I T R G E A X N Q L N A M L
D E Y X O R N Y U A W O V Y A
I O X J L T N R H A L R E T N
Z B O I U F C G E Y N T R H E
E E H Q V A Q O I D J S N O W
L M A R I L Y N D F L A P L D
T A E C C E N T R I C I I O U
C U L T U R E S H O C K W G Q
C H A R A C T E R S U P I Y V
Q X X C P R V D X G P O J H S
```

The Office (pages 80–81)

Seen on SyFy (pages 84–85)

Simpsons Characters (pages 82–83)

Mystery Science Theater 3000 (pages 86–87)

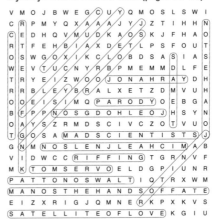

Greek Mythology (pages 88–89)

Hestia; Medusa; Charon; Pandora; Daedalus; Erebus; Clio; Leda; Ares; Pegasus; Thalia; Helios; Tiresias; Jason; Calliope; Artemis; Minotaur; Demeter; Antigone; Erato; Iapetus; Penelope; Perseus; Poseidon; Proteus; Terpsichore; Bellerophon; Tantalus; Theseus; Orpheus; Eris; Pleiades; Eros; Argus; Titans; Electra; Hectór; Prometheus

```
P R O M E T H E U S N A T I T
O B U E P E A Z N R I O W J C
S C O D O R S N H O V V S A Q
E S R U I P E P T G G L O A H
I R P S L S D A Z A K I B M J
D T H A L I A D E L L U T M E
O S E R A C I R J C T U M N L
N B U O C H E M G Q H V S I A
O O S D D O L J R U E D P U T
H O R N S R P E G A S U S L Q
P O T A R E T T I R E S I A S
O E E P H E S T I A U F U A U
R S N S M C S S Z A S D R S L
E U O X E R O S U J A R T U B A
L E D I L P A E T H C A A B D
L T R P L O S S A E U T V E
E O R E P E P R L C P S O C A
B R U O B N H E L T Q A N Z D
T P I R V U V P L O Q M I I U
L L D S Z F S G A R T E M I S
```

For the Science Geeks (page 90)

1. b) when it is blue
2. b) a meteorite
3. c) partially blind
4. a) 240,000 miles
5. c) 140,000 hairs

Animals (page 91)

1. c) blue whale
2. a) camel hair
3. d) elephant
4. b) ground sloth
5. a) camel
6. c) anaconda
7. b) armadillo
8. a) weasel

Noted Programmers (pages 92–93)

```
W A R D C H R I S T E N S E N W G
M S A D A L O V E L A C E Y Q Y E
I E E L S R E N R E B M I T N F K
Y R J F S D H S D A N I E L H A B
E G O M S T E V E W O Z N I A K H
S E H Q U J G R A C E H O P P E R
R Y N T U E T O H A D E R F L A K
O B K X M B R E N D A N E I C H O
D R E R E W J O H N B A C K U S R
K I M Q K E C O D U A L A N C O X
C N E L I N U S T O R V A L D S R
A D N O M Y A R C I R E Z W D U Z
J C Y A H G A N D I G U T M A N S
A D E L E G O L D B E R G S H H M
S A L A N T U R I N G O T D Q K W
S E T A G L L I B N T A B G Q Z G
V P P T O R U I W A T A N I U V A
```

Broadway Musicals (pages 94–95)

1. "A Chorus Line"; 2. "Mamma Mia!"; 3. "West Side Story"; 4. "Into the Woods"; 5. "Sweeney Todd"; 6. "Les Misérables"; 7. "My Fair Lady"; 8. "(The) Lion King"; 9. "Miss Saigon"; 10. "The Producers"; 11. "Oklahoma!"; 12. "Tommy"; 13. "Chicago"; 14. "Rent"; 15. "Wicked"; 16. "Cats"

```
T H E P R O D U C E R S L M N
N Y R O T S E D I S T S E W C
M I S S A I G O N V T S S I
P V N T D I F O N E B Y M A N
C U D A V D K O G Z W Y I I T
F N B C A L O H H M L M S M O
C H I C A G O T W H Y S E A T
G F R H P M T I Y F T C R M H
P N O E C K C O A E C P A M E
I M I Y Y K Q I M B N R B A W
A J G K E N R B V M E E L M O
B Q E D N L D C O R Y F E B O
F X W O A O N S W H T B S W D
W A Q D X V I Q T T T N E R S
V M Y U E N I L S U R O H C A
```

Sondheim Songs (pages 96–97)

```
X U U A B S D G Z Y J R V N K M D Z S E
B E O M F Z N J K Q N T S I G O A Z A V
V U L Y Y I N W H L O I S W I F U R B T
Z O Q R G N C Y O Q S Q X H S P D Y I K
C S G D Y N P L N L A H E F O F B J S A
F Z C Y A H I P O Y C A F A S A V D S D
W C Z B M L F V Z S R E E U B W N B B J
V O A S E E W X O A I P H Y R E C E R J
P M P E R Y Q G W L L N A T I Q I T X Y
M E S O I S D A E O K W G R N N U C H O
R D F G C T L D F K D Y F M G I S N X H
V Y H Y A T X R K A O D G A Y D D H A W
K T R A Z L L P O H L E L N N M X N C V
O O K D M P M R T O H I G A R K I N E K
N N E A L E B A T B V X S B Y N H N H S
J I T T W A H P S E P K T V U J N H D Y
L G S O N O T W H I L E I M A R O U N D
G H P N L T X W A H J B X S M Q G E J D
B T W S U N D A Y N U J Z Y N O G A N H
N D B E L T S I H W N A C E N O Y N A L
```

Hamilton (pages 98–99)

1. Lin Manuel Miranda; 2. "In the Heights"; 3. Ron Chernow; 4. The Public Theater; 5. Richard Rodgers Theatre; 6. Javier Muñoz; 7. Leslie Odom Jr.; 8. Shot; 9. Schuyler; 10. "Satisfied"; 11. Marquis de Lafayette and Thomas Jefferson; 12. Room, happens

```
N A E J Q V J O C F Q Y A F E Y U M E E E
O W D S I V E I B R U F Q S D K B J G R G
S J D N R V P L N Z D T T U J D L T M T G
R L A O A D B L P E D M S Z J T N H A A S
E V E L V R C V I S Q W S Z U L X E R E B
F D T S W X I F I C Z D I F Y D P Q H Y
F A C O L C S M F T R H T B Y F U U U T O
E L Q G H I I R L Q Y Y U W K O C B I S B
J R E C T S E N V E F I S Y A H L L S R V
S J J A M R L O T Y U K K X L S E I D E H
A A S L T K U V D H B N H W Y E O C E G M
M V Q W L E K J H O E N A U U X R T L D R
O I I M Y L W H X G Y M H P M P O S H A O
H E L T H H I P V E I J E J N N T E F R R
T R B F X B C W H D L R R E I K A A D C
R M Z V B O V G B H X B U P G Q L T Y R H
Y U E R F Z I X M Q P P X L H Y E E A E
V N S M X O J B T U M A A V Y A T R T H R
Q O I V B Y O B Z Z H Q M E H Q E S T C N
S Z H G W Z J M C R D M I S E X J N E I O
D V Y Y P X B R O X T W Z I W Q S K Q R W
```

The Beatles (pages 100–101)

"Please Please Me" (1963); "With the Beatles" (1963); "A Hard Day's Night"(1964); "Beatles for Sale" (1964); "Help!" (1965); "Rubber Soul" (1965); "Revolver" (1966); "Sgt. Pepper's Lonely Hearts Club Band" (1967); "Magical Mystery Tour" (1967); "The Beatles" (1968); "Yellow Submarine" (1969); "Abbey Road" (1969); "Let It Be" (1970) Bonus answer: The White Album

```
E H Y C G C S D Q W Z K P J Y K C X C X N
N Y S A H L R Y O N V Z M M E M K T R P M
I U I T D D E W R U U H U A T Z R H B A U
R Z A W V S P D G W L H E S T D C G G M X
A Q Y R S F P A X I U U E L B W N I A I V
M Z V J H R E I J C H L L B P H C N B Q M
B U O X T W P B W S T U Y W O A M S E Y Q
U I S Z Q Q T T O A O P N V L Y S Y A P T
S L K E Q X G E E S R T K M I T D A T I A
W B I U X M S B R A N E Y J H D G D L K B
O J E I W D E E G V T S V E T I W D E O B
L D B B U H B H K B T H W O R E N R A B
L Z L T R B K N D E S H E B L G X A F X Y
E U Z H U I C W R L I A A B F V Z H O M R
Y L T R M B T Y D T M X F S E R E A R A O
G I L Z X E T E X G P B N N A P R S C A
W I L C X O C A L T V I N U V U T B A P D
R S C R U S L N E N R G G U R X V L L T S
V I X R K B V P L E A S E P L E A S E M E
M Z H N U P P I X T J P A A X A B H V S A
M D E M W B N S D S Z B C N B Q J N W K A
```

Here's Looking at You, Kid (pages 102–103)

Leftover letters spell: "Casablanca" ranks at or near the top of most lists of greatest films of all time.

```
C A S A B D I E R N E H L U A P R
S Y D N E Y G R E E N S T R E E T
T Y L A N C A R A N K S A T S T H
C B O R N E A R T H E T O S E E R
E S I A L L I E S R A M A L N R E
P E N A M G R E B D I R G N I L E
S O O L Z S A L R O T C I V A O O
S E E G U F E R R P O F M D B R C
L M O S T L M O R O C C O N K E A
A I I S T S J O F G R E A U C T R
U T E P L A Y I T S A M S L I T S
S S H U M P H R E Y B O G A R T F
U A I L D O O L E Y W I L S O N M
S O F A S N I A R E D U A L C L L
T I Z I T R U C L E A H C I M M E
```

The Princess Bride (pages 104–105)

1. 1987; 2. William Goldman; 3. 1973; 4. Florin; 5. Westley; 6. Wallace Shawn; 7. Antiope; 8. Guilder; 9. Christopher Guest; 10. Valerie; 11. Moher; 12. Inconceivable; 13. Peter Cook; 14. Disappointment; 15. Domingo

```
T A E T R M H C I T F J W N Y 3 E
S I V F D W X W P B D M W M 7 L N
E A N T I O P E G V P A M 9 B D A
U G U I L D E R Z K H V 1 A F I M
G W E S T L E Y O S O U V X L S D
R M P D G M U O E C C I F E O A L
E A C L V R C C H L E J I U R P O
H D W W D R A C H C E I S V I P M
P E B W E L L W N Y J X J A N O M
O A Z T L E Q O C F M F L L H I A
T W E A Q C C W N W D O X E Q N I
S P W C Y N V Q W C O G E R L T L
I S T W I R D 1 K E I N Q I R M L
R B K M X P Y T 9 J Q I G E A E L
H X J I A P Z L O 8 B M H P D N W
C B Y Q L T T W P Q 7 O I N A T V
R L I P I T C L L G M D P I G T H
```

Jackie Chan (pages 106–107)

The leftover letters spell: "Don't try to be like me. Study computers instead."

```
D N O O N I A H G N A H S
O C H R I S T U C K E R C
Y S K W A H N A I S A A I
E E N Y D E M O C T T C P
K M T P R R Y T S O L R M
N A A O G U S F B O E O Y
O G L R I N O X T C A B L
M O S H T E O H N K E A O
R E M T U I I K H G E T G
E D S N N N A T G S E K N
T I E A G U U L D N U R I
S V L L Y C T O A N O R J
A U I I M P U S G R T H I
M N E H R S I F N S T T E
E A P Y R U J N I D S B
```

Pacific Rim (pages 108–109)

```
O T A C H I  T N P X D R K I E L K  J A E G A R
Q R U S F C N I A V J W G N B J V C T T F E W
G N I T F I R D H O P P C U R U M H H D T B B
F D W G G V J R H E E J M P I X A O J N E Z O
V P Z U L A Y I C S J E C C S T N R R A V O N
M A R S H A L S T A C K E R P E N T E C O S T
M Z M F X W W E Z H B S E I I K U E L I I H K
H C J Y T R F L A S E X X M O C H E Z S R A C
D F R A M A L B C H I C F S R E E H S M O T A
J E S B T K V A X C L H L O O B I O I C M T B
R N C U C W Y G A J T A Z N T H L N E O O E R
Q C C J Z J H D X T T D T L G R G G M K R E
U L N A D D Z S V T O Y N Y E I A K N P A D H
D K C K D Z I F E M G G I P D E H O O A M O T
N A M R O G N R U B N R M H O L C N T T Y M A
F N O T O K N Z Q D N Z E O M A Q G W I F E E
Q B R P X I Q Y T A V V V O R R F I E B B M L
D O R L K P J K P R M E I N E Q L R N L Y O U
E Q I E K O Q R U C R R H I L N D B R E A C H
U J I A K F N L T C E M M K L N Y G L Y F B W
E N L O X J U T E C H A R L I E D A Y A N C R
N P T S K L L M B D I B L U Q R V S J U W B
A K E R U E R E K I R T S L G S Q N P O V Q R
```

Ghostbusters (1984) (pages 110–111)

```
R A Y M O N D S T A N T Z V V R F I W
E G O N S P E N G L E R K I Q E U L U
P R O T O N P A C K L U E C N Z A J O
S D E M S N V R W C Q H Y E K O T Z H
I Y R V M L A B P T N F M G O G H E T
N O N Y A Z I M X O Z P A O O U H G R
A R I T B E C R T P G A S T L Z A A O
R K E A S D W G D T X T F K N R T L L
O Y H F S E G Y F T E D E U I M O E C
M A U V I U C I E T P R P K D L K Z
K N D W O X R R S N V V N Y C K D E N
C A S I G E R Z E N R W L A J S R E I
I D O B H A C T Z C E U S T V T A P V
R P N O B E X I G I J P O S L I M E R
H J U A S Y N U P N L A I G V M I R V
H S N B I L L M U R R A Y F I W S Y K
E A N E R O M E D D E Z N O T S N I W
D P E T E R V E N K M A N M E S I P P
A P A R A P S Y C H O L O G I S T S V
```

Ghostbusters (2016) (pages 112–113)

```
N P N S S Y L R U K E W E Y M A Y O R
K C D I B H R L E R I N G I L B E R T
N K N I O T Y P N I Y R F B R J E S V
U F N E Y R A G O S U K A Z T S K L D
K M A B H O W N L T A B B Y Y A T E S
D U M L T W B O N E Q W V U B V Y Q
R B Z E R S U N O N D V V P F W F Q N
M O T S A M S N M W O K A I O P G A J
A P L L C E Z I U I H F K T E R M A J
R A O I C H E K Z I E B Y T X K T B L
T H E M S S C N G K G R P C U T A A
I T N J A I E M P P R Y I E V W O Z L
N Y A O S R N E R L K M B E O D O H O
H T I N S H I T H X M N A V F N W D M
E O L E I C L A O E I D W P U L S Y I
I L L S L Y Y K L V A N N U Y J U T P
S A I Y E C E O E Q Y R W F P M Y A F
S N J G M Q L K A U R T S L W J Y Z P
R O W A N N O R T H O X Q E S O L P Y
```

Ghostly Slime (page 114)

Answers may vary. GHOST, glost, gloss, glows, slows, shows, shops, ships, slips, slims, SLIME

No Bones About It (page 115)

1. d) rhomboid
2. c) pointal
3. b) paella
4. c) perpendicular
5. d) porkal
6. a) vertical
7. d) pimpal
8. b) capital

Inventions (page 116)

1. b) Eli Whitney
2. c) Richard Gatling
3. d) The Jazz Singer
4. d) Edwin Land
5. a) baseball (a myth)
6. b) Samuel Morse
7. c) Harvard

It's Elementary (page 117)

1. c) plutonium
2. b) lawrencium
3. a) californium
4. c) palladium
5. d) francium
6. b) germanium
7. b) gold
8. b) fluorine

Iron Man's Journey (page 118)
Answers may vary. CAVE, care, card, hard, herd, HERO

Bruce Banner and the Hulk (page 118)
Answers may vary. GEEK, seek, seed, feed, feel, fell, full, bull, bulk, HULK

Getting Powers from a Spider (page 119)
Answers may vary. SPIDER, snider, sniper, snipes, swipes, swines, shines, whines, whites, writes, writer, waiter, waited, wasted, tasted, tested, bested, belted, belied, belies, bevies, levies, levees, levers, lovers, lowers, POWERS

Black Panther (pages 120–121)

```
R H I N O C E R O S A E O Z M N L Z A
J C I Z N V B O R D E R T R I B E O K
N H E U J G S R F E K D E M H P J A
A A S M O S S O R T T E R E V E I D D
D D Z U B Q M Z R E V F G G A A L O A
R W A I U A W F E B M U R P X R E R J
O I V N R L R F C I E L E K N T F A N
J C A A A N E D X R R Y G O X S Q M O
B K L R D I L M Z T Y S N P Z H B I G
L B L B X A G X J R D S O S H A E L N
E O A I A D O U X E S E M E K P A A O
A S H U Y Y N O S R V D S L U O E K J
H E C Y Z A C V Z I H K L C M D A E N
C M T P E K N S K R R L I U N H H V A
I A R Y T A A A H I B A K W N E C I T
M N O T D W Y S K U W U C T B R T Z I
F K J A B A R I B R E R X W B U A P
O L K I G S W X J W A G O D R A W U
J Y V E H B S N E V E T S K I R E X L
```

Squirrel Girl (pages 122–123)

```
B M V L T H K R A V E N T H E H U N T E R
E M P I R E S T A T E U N I V E R S I T Y
D O X G I E L W Q H H F B D E V H O E P D
T X D F T P E G E N J J Z N G L V L M C S
E K E N S H I G A M V V B K R R B I T H X
R Z D O R E E N G R E E N C E I N T A I L
I W Q M W V N O K Y J Z O P A G D V W P S
C O T H P Y G A L A C T U S T L A N B M T
A Q B I O D C B M G V Q M O L E M A N U O
H M M I P X M Y O E H E D Y A R T N H N M
E B O S O P H H O V T P D N K R S C J K A
N M P N V K Y J D U R V P N E I D Y K H S
D D F D K A Y T R I O X W V S U M W R U L
E C U A B E Z N O T N U T S A Q A H A N A
R M W U T A Y R T E N E J C V S L I T K R
S J E T G Z K J C L A N B N E Q H T A A A
O H O L X M B U O Y Y J O I N C B E T T P
N N E G V V B T D E R L V K G T D H O O E
C O M P U T E R S C I E N C E R R E S Y R
S A H T B X L O O I U A H Q R X M A K O E
W E C E L B A T A E B N U V S Y Y D R F Z
```

Marvel on Netflix (pages 124–125)
1. Charlie Cox; 2. Foggy Nelson; 3. Rosario Dawson; 4. Vincent D'Onofrio; 5. Krysten Ritter; 6. Rachael Taylor; 7. Kilgrave; 8. Alias Investigations; 9. Mike Colter; 10. Misty Knight; 11. Mariah Dillard; 12. "You Know My Steez"; 13. Finn Jones; 14. Jessica Henwick; 15. Meachum; 16. Ramón Rodríguez; 17. Jon Bernthal; 18. Ebon Moss-Bachrach; 19. Dinah Madani; 20. Anvil

```
S N O I T A G I T S E V N I S A I L A
Z N O S L E N Y G G O F G E C D D L W
E P A I S H G O M R E T L O C E K I M
U P D R T J B U S C W E W D T M Z N N
G A F D A H H P A W V F K G K D G V Z
I N S L J C G H Y E A H E B N I X I E
R V F E A O H I B S U D N M Q N J N K
D I E N X N A N G G S O M F A V C R Y
O L M W X O K B E K X A V I J H Y E Y
R N B N P C J I E L Y W C P R M V N S
N S G Q M E X N L R T T Y D F A T T T
O E Z V J I T J N G N A S O F D S D E
M S R F V L W G V I R T Y I W A J O N
A O F O T R V R E G F A H L M N A N R
R A N G D A W A N R T J V A O I C O I
M A R I A H D I L L A R D E L R E F T
J E S S I C A H E N W I C K N P U R T
E B O N M O S S B A C H R A C H Y I E
O X Z Z E E T S Y M W O N K U O Y O R
```

Avengers Anagrams (page 126)
1. Donald Blake; 2. Janet Van Dyne; 3. Ant-Man; 4. Captain America; 5. Clint Barton; 6. Scarlet Witch; 7. Black Widow; 8. Carol Danvers; 9. Sam Wilson; 10. Mockingbird; 11. Ms. Marvel; 12. Kate Bishop; 13. Doctor Strange; 14. Jennifer Walters; 15. Namor

The World of the X-Men (page 127)
1. Charles Xavier; 2. Scott Summers; 3. Beast; 4. Nightcrawler; 5. Jean Grey; 6. Ororo Munroe; 7. Kitty Pride; 8. Rogue; 9. Remy LeBeau; 10. Northstar; 11. Mystique; 12. Quicksilver; 13. Wolverine; 14. Magneto; 15. Colossus

Webcomics (pages 128–129)

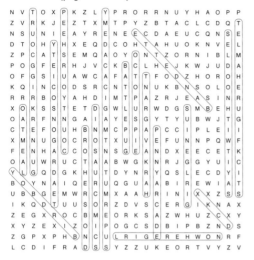

The Sandman (Comics) (pages 130–131)

1. Destiny, Death, Desire, Despair, Delirium, Dream and Destruction; 2. Delight; 3. Morpheus; 4. Neil Gaiman; 5. Roderick Burgess; 6. Lucien; 7. Hob Gadling; 8. Walker, Kinkaid, Rickard, Pumpkinhead; 9. Gilbert; 10. Matthew

Superman (pages 132–133)

Seen Around Gotham (pages 134–135)

Wonder Woman (pages 136–137)

```
E H J W B J J T T W W B I J Z E U S U H W
N O T S R A M N O T L U O M M A I L L I W
N E C N K R A M S D N A S E I S S A C H H
O Z E X G D L G H Z U N O B Z M T T Q R E
S I O O Z I A L H Y W W C F L K E W E S N
I K T R U L F V S O P C Z M K G V U T I A
O Z D L G Q L X Q R J F B W A Q E P T A L
P F V O L O I F N T H S E C J D T I A E E
R B D O O N N L H A P C Q S M N R V C U P
O O C Q K T D E D N P D I Q M A E Z A G L
T V K Z A R A I T N A I R C A L V C N A E
C D L B R G C B S O N A J Z N S O M D E U
O M X A I X A I T D L N W N L I R U Y L S
D A R W C Q R M E J H A I O L E J A G E I
W E N L S I T P L W Y P N M B S Z M Y C C
S U V S Y Y E C E V J R U I F I X A U I N
L Q U P M F R U C Z P I E S E D F Z R T U
A I F E L Z X A T A N I A K A S O W S L L
R T S X H E R Z R D W C B N E R F N L U J
M K R S T E G D B U R E J C R A C Z I J O
J V T W O O I M H Q A T Y L O P P I H J N
```

DC on TV (pages 138–139)

Alex Danvers; Anissa Pierce; Barry Allen; Black Lightning; Cat Grant; Cisco Ramon; Cress Williams; Felicity Smoak; Grant Gustin; Green Arrow; Harrison Wells; Iris West; James Olsen; Killer Frost; Laurel Lance; Lena Luthor; Melissa Benoist; Oliver Queen; Rip Hunter; Stephen Amell; Victor Garber; Wentworth Miller

```
A L E X D A N V E R S A N R P V Q F C
O T N F R O H T U L A N E L J V J T F
S R G E K Y U A K Q C C L R A I T I P
Z R V L E J P U P D H L E M C D B Y
T W A I C U Q X A I C G A T E T C T W
S E N C B D Q D R A Y T Y N S O R S H
E I I U L N R M H N K R U O R E O A
W T S T K E A D E A Z W R H L G S R F
S W S Y E L Y C R V O U A P S A S F N
I O A S J F A G K R I U B I E R W R I
I R P M E K T U R L J L U R N B I E T
I T I O G A H A R R I S O N W E L L S
F H E A C C N J S E O G P E O R L L U
E M R K R E Y S E D L S H B A U I I G
K I C G E O A K U I V L V T S N A K T
W L E R K F C A B B D X A H N J M H N
V L G F M E L I S S A B E N O I S T A
Q E T C I S C O R A M O N I C X N D R
O R S T E P H E N A M E L L V E E G G
```

Caped Crusader Portrayers (pages 140–141)

DC Comics Anagrams (page 142)

1. Batman; 2. Superman; 3. Wonder Woman; 4. Wally West; 5. Justice League; 6. Green Lantern; 7. Teen Titans; 8. Lex Luthor; 9. Harley Quinn; 10. Suicide Squad; 11. Darkseid; 12. Arthur Curry; 13. Green Arrow; 14. Black Canary; 15. Kara Zor-El

The Flash Picks Up Speed (page 143)

Answers may vary. SPEED, spied, spies, spits, spots, shots, shops, chops, crops, cross, crass, class, clash, FLASH

Star Trek: The Original Series (pages 144–145)

1. Enemy 2. Shore Leave; 3. Mercy; 4. Forever; 5. Amok; 6. Mirror; 7. Tribbles; 8. Circuses; 9. Brain; 10. Hollow, Sky; 11. Gideon; 12. Minders

```
M A K G T C S R E V E R O F H
B P U L K G A O I S N E Q B O
U Q U A H S H O R E L E A V E
S Y X S B B S E S U C R I C E
E R Q X B T D D E F M Z Y T N
L X M A S N Q G R B E K K M E
B F H X I I B R V B R A S H M
B K C M D H Z Q K X C N W H Y
I L Z A M J N Q O Y S O W F
R Y M A T R O T I S M P L T R
T K F I J Q B Q W A I A L G H
O W U E R R I D T L R Q O Z G
I U L V F R D N S O N B H I U
R V J J E L O N O E D I G D D
D D O N L N C R C S S F I E J
```

Star Trek: The Next Generation (pages 146–147)

```
N  T  I  O  R  T  O  F  G  W  T  L  P  T  S
O  C  C  U  A  E  S  I  R  P  R  E  T  N  E
I  I  P  E  A  C  E  R  S  O  P  U  E  L  P
S  L  L  P  A  N  X  L  I  B  W  Q  N  S  C
S  F  A  H  X  D  B  L  S  K  X  E  E  T  Z
A  N  G  L  F  U  T  U  R  E  S  M  E  S
P  O  B  G  I  B  E  X  P  L  O  R  I  N  G
M  C  Z  E  B  E  X  J  I  J  O  Q  E  A  S
O  Y  G  O  L  O  N  H  C  E  T  P  S  L  L
C  Z  L  R  D  F  R  S  A  K  S  M  Y  P  A
V  Q  L  D  R  A  A  O  R  R  T  G  W  K  R
I  L  G  I  N  W  M  Y  D  W  G  F  P  W  O
V  O  N  M  S  D  E  E  P  S  P  R  A  W  M
B  M  A  T  A  D  F  R  A  N  C  H  I  S  E
N  O  J  Y  Q  G  P  B  I  Y  P  Q  Z  H  P
```

Star Trek: Voyager (pages 148–149)

```
S  E  R  R  O  T  A  N  N  A  L  E  B  Y  W
P  P  P  I  F  V  C  X  J  B  H  U  M  A  N
T  E  E  L  F  R  A  T  S  Y  R  B  F  W  G
C  M  O  V  I  P  E  X  X  J  S  F  M  E  N
A  I  V  N  C  P  M  A  D  D  U  A  M  N  O
P  K  K  A  E  J  L  T  N  O  Q  T  A  A  I
T  Y  L  C  R  A  A  A  S  U  C  O  R  J  T
A  R  I  L  G  T  L  T  I  C  H  T  G  N  A
I  N  N  U  U  D  U  S  R  H  R  U  O  Y  R
N  A  G  V  A  F  B  K  A  A  E  N  L  R  E
I  H  O  B  C  S  E  X  P  K  G  E  O  H  D
S  K  N  C  P  X  N  K  M  O  A  E  H  T  E
E  J  D  A  R  R  F  E  O  T  Y  L  R  A  F
D  G  C  W  Y  E  S  S  T  A  O  I  S  K  G
X  E  H  D  I  G  W  D  W  V  X  V  B  F
```

J.J. Abrams (pages 152–153)

```
B  B  A  F  Z  S  S  E  N  K  R  A  D  O  T  N  I  Z  A  J  Y
R  L  N  I  J  K  B  K  L  C  Q  J  I  W  U  L  I  F  Y  K  D
E  C  E  S  T  A  R  T  R  E  K  F  R  A  N  C  H  I  S  E  G
P  H  R  L  W  G  Y  R  R  K  G  A  K  H  Q  X  V  C  G  E  G
U  B  X  F  R  F  U  T  P  E  D  P  E  L  E  U  Y  V  S  L
S  Z  Q  F  V  I  C  B  I  D  B  F  K  T  P  Z  G  O  I  W
X  K  N  X  I  U  S  T  W  B  L  E  N  S  F  L  A  R  E  H  Q
J  M  O  C  H  P  V  S  E  M  A  V  L  M  P  J  X  T  B  C  S
A  W  W  Z  K  Y  X  R  O  R  C  D  D  L  G  P  A  S  H  N  C
M  K  P  K  M  W  D  E  P  P  F  L  R  E  J  Q  G  T  I  A  M
C  Z  T  M  J  E  H  S  K  F  M  E  S  O  M  K  T  U  K  R  K
T  I  E  Y  Z  N  V  O  J  R  R  I  T  O  B  N  L  G  E  F  R
T  M  J  N  O  O  O  P  U  Z  I  F  N  N  X  O  Y  W  M  S  O
P  Q  G  G  O  D  J  M  D  V  U  R  K  O  U  T  T  A  C  R  T
N  W  T  L  F  D  I  O  R  I  B  E  D  O  I  S  A  I  L  A  C
L  H  H  C  U  E  R  C  N  T  V  V  F  C  T  S  O  M  Y  W  E
X  O  Y  X  U  G  L  W  W  N  X  O  I  R  H  P  S  V  P  R  R
K  H  S  R  Z  A  Z  H  Q  S  K  L  N  S  I  M  U  I  M  A  I
H  A  C  T  U  M  W  K  X  M  E  C  Z  H  G  N  Z  D  M  T  D
H  S  E  U  L  R  P  N  S  F  Q  F  X  B  K  B  G  O  M  S  C
R  S  N  E  K  A  W  A  E  C  R  O  F  H  R  Z  U  E  G  D  C
```

Where It All Got Started (pages 154–155)

```
D  E  A  T  H  S  T  A  R  R  E  B  E  L  S  P  I  E  S  C  I
G  R  A  N  D  M  O  F  F  T  A  R  K  I  N  M  P  G  G  S  O
Y  E  P  O  H  W  E  N  A  Z  M  H  A  H  H  K  D  O  V  S  Y
P  R  I  N  C  E  S  S  L  E  I  A  Q  M  P  V  F  H  M  E  P
O  L  M  B  D  A  R  T  H  V  A  D  E  R  I  U  U  Q  R  N  L
R  L  H  U  R  E  H  S  I  F  E  I  R  R  A  C  V  D  Y  N  K
Y  U  W  A  J  V  X  Z  H  Z  L  T  Y  V  T  V  O  S  K  I  R
F  K  P  A  N  Q  K  Q  E  T  G  E  O  Z  S  B  O  A  U  U  E
S  E  E  M  Q  S  O  B  I  W  A  N  K  E  N  O  B  I  X  G  B
A  S  G  X  T  A  O  W  N  S  C  I  C  H  E  W  B  A  C  C  A
C  K  R  D  G  L  B  L  E  J  G  O  X  S  N  M  X  G  S  E  S
U  Y  T  A  V  D  B  C  O  N  N  O  F  R  B  J  H  E  V  L  T
L  W  C  Y  W  E  S  E  L  L  I  T  N  A  E  G  D  E  W  A  H
E  A  3  C  R  R  I  S  B  R  W  A  L  F  G  B  E  R  U  U  G
G  L  P  A  V  A  A  D  R  Y  X  T  D  D  I  W  B  A  P  D  I
R  K  O  I  U  A  D  T  Z  N  Q  C  I  R  H  2  D  2  R  P  L
O  E  P  Y  A  N  D  S  S  Z  K  J  M  O  S  E  I  S  L  E  Y
E  R  W  N  O  N  O  C  L  A  F  M  U  I  N  N  E  L  L  I  M
G  L  L  I  M  A  H  K  R  A  M  E  D  Y  P  S  D  G  M  E
D  N  P  H  G  T  Z  O  C  H  A  R  R  I  S  O  N  F  O  R  D
J  S  T  O  R  M  T  R  O  O  P  E  R  S  J  M  B  P  P  X  M
```

Star Trek (page 150)

Answers may vary. STAR, sear, seat, feat, feet, fret, free, tree, TREK

Will Captain Kirk Reach His Ship? (page 151)

Answers may vary. KIRK, kick, sick, sink, sank, sand, said, slid, slip, SHIP

Star Wars for a New Generation (pages 156–157)

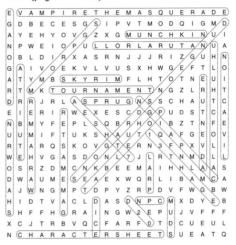

Star Wars (page 158)

Answers may vary. STAR, sear, hear, head, herd, hard, ward, WARS

Using the Force with a Lightsaber (page 158)

Answers may vary. FORCE, forte, forts, sorts, sores, sorer, sober, SABER. Alternate: FORCE, forme, forms, fores, sores, sorer, sober, SABER

Star Wars Anagrams (page 159)

1. Grand Admiral Thrawn; 2. Mara Jade; 3. Nomi Sunrider; 4. Abeloth; 5. Kyle Katarn; 6. Dash Rendar; 7. Revan; 8. Corran Horn; 9. Galen Marek; 10. Lowbacca;11. Satele Shan; 12. Darth Nihilus; 13. Jaina Solo; 14. Darth Caedus

Video Games (pages 160–161)

RPGs (pages 162–163)

Magic: The Gathering (pages 164–165)

In the Drama Club (pages 166–167)

```
Z T J T X Z E Y C U R T A I N S L V S
N U G U A C T R E S S L A S H L I N E
O O K N F H K G Q D L P B E P H J H J
R U N S I S E C A L P M D B I L D A G
P U S A C N X C E L W S R E N N U R C
A G Y C O I R K S V P I A V C W M P T
H Y T T E E T A T J M L M A B M H Q B
E A U O M N G S W I C U A L F N H E K
A B Z R O E E Z U T E B T Y M G E O T
Z P O P C X Y S D O C A U O B E F H L
F B K R T Y J D H M C A R F B I M U L
B W P O D B R W U O X A G W W X L M R
F D B O V R K P K T P Y F F C E P L M
K H A F G T A Y L U S G K K O R N L B
Y B E R E P W W J B N R V V D R L K S
A C L Q V Q T T H U N D E R S H E E T
T E C H R E H E A R S A L D K T T C F
G E O R G E S P E L V I N F N S D E T
C I M V E Z R L K V Q X S Z G U V X X
```

Minecraft (pages 170–171)

```
W K E M M W R P O T Z P E X Q A H
L H N N O U M E U L A V I V R U S
I D L E D J L X R I E W N G B L Z
J C T R J E A T T O A N E T H E R
N R F U D U R N I P C T H N X Q P
O E O T S M F D G P P D T H P N H
S A S N Y A E J R O L M R D X S R
R I R V E O W D E K G V Y X H E P Y
E V C D J C E S B E H O D E G R T E
P E I A M E N L F O V S N G R T P
S N M O O N D D L F X V J I K A E
U Z D R B I E J L G B C Z Y K T E
K J L G S M R Z C R A F T V T O R
R X Y I Z G M E W D F J F P B R C
A L Y I L H A O X T B U D R N L D
M Z I E S L N F B O H D E Z O O E
```

Chess (pages 168–169)

```
V I S W A N A T H A N A N A N D S O B F I
H C S A R R A T T R E B G E I S A B C L Z
V E K K E S N E F E D N A I L I C I S Z T
O A I C O Y Q X I D A Q S O R P R A Q U I
P M N A O T N R K C K H Y U C Y I T E G N
R A G T D M T N Y Y C U O H N A F I Y Z I
A G G T B J B E B H O O E O G O I E H W E
K N W A P A O I F L T W C U G C B G A T
Y U B C D R S U N C B C T Z R G E U M N S
L S M V A J B I R A N X H Q N T S O M M
O C S C K S U S C N T A N E J V I D W I L
T A Q T O I T D J E M I I T C Y S A Z I E
A R H F O C X L I I N E O F G K C J T C H
N L E K R V R X I C D D N N K N M R D U L
A S C G J V C W O N A X I T N D L A Q C I
R E T I B M A G Q Q G T W N T C W W T Y W
F N M N A C G Z P R G G I O G M M E F E C
M O D E R N D E F E N C E O V S B I L Q F
X K Y T H G I N K X R Y R F N H Q U E E N
G A R R Y K A S P A R O V W P O H S I B S
H E H Z N O I T A T O N T R E B U C H E T
```

Codes and Ciphers (pages 172–173)

```
S U B S T I T U T I O N F P N
G I C R Y P T A N A L Y S T O
C N I R U Y O J N K C Q Q N I
A O P Z E B Q E F S C V Q Z T
E I H K D L C Z T M N O P W P
S T E M Q R B R H M U L L U Y
A I R N G V E T A P A X H B R
R S T H C A I R H I D D E N C
S O E X M R G G N L J R N L E
H P X Q O O Y T E B U U S Z D
I S T G T F E P S N P Q M C C
F N L P H X Q N T L E M K O P
T A Y Q T B N Q E I T R D X G
J R M L A J C Z U S O E E Z G
C T A Z U M X D Q P M N B E L
```